Endlich fünfzig!

Endlich fünfzig!

Von Günter Stein
Illustriert
von Karl-Heinz Schoenfeld

© Tomus Verlag GmbH, München 1991
Alle Rechte der Verbreitung, auch durch Fernsehen, Funk, Film,
fotomechanische Wiedergabe, Bild- und Tonträger jeder Art sowie
auszugsweiser Nachdruck vorbehalten.
Satz: Fotosatz Geiß, Puchheim/München
Druck und Bindung: Carl Ueberreuther, Wien

8   97 96 95
Auflage   Jahr
(jeweils erste und letzte Zahl maßgeblich)

ISBN 3-8231-0732-1

Inhalt

Endlich 50!

„Mein Gott – 50!" Theo Tappert stand vorm Spiegel, den eingeseiften Rasierpinsel in der Hand, und blickte seinem gealterten Ich mitten ins zerfurchte Antlitz.

Trudi Tappert lehnte in der Badezimmertür und schaute ihn mit dem Ausdruck einer Naturwissenschaftlerin an, die ein ebenso liebenswertes wie seltsames Tier betrachtet.

„Mein Gott – 50", sagte er also und fuhr fort: „Das heißt: in Kürze bin ich 55, und dann ist's nur noch ein Katzensprung bis 60. 60 aber ist fast soviel wie 70, und 70 ist eigentlich schon Schluß der Vorstellung. Jedenfalls statistisch. Mit anderen Worten: ein 70jähriger steht vor dir, der vorübergehend 50 ist. Ich frag mich ernstlich, ob ich mich überhaupt noch rasieren soll."

„Also ich kann dir da nicht recht folgen", sagte Trudi, „sei doch froh, daß du 50 bist. Endlich 50! –das solltest du sagen!"

Theo pinselte sich ein. „Ich nehme an", sagte er, „du wirst mir erklären, wie du zu dieser wahnwitzigen Behauptung kommst."

„Aber das ist doch ganz einfach", antwortete Trudi geduldig, „weißt du noch, wie paralysiert du seit zwei Jahren auf die 50 gestarrt hast? ‚Bald bin ich 50, ach Gott, wie schrecklich' ... ich kann's noch förmlich hören! Na, und – das ist doch jetzt vorbei. Jetzt bis du 50, hast's hinter dir und kannst fürs erste ganz zufrieden sein. Jetzt sollen mal die anderen vor der 50 zittern. Franz und Wilfried – die kommen ja heut' abend. Beide die 50 ganz dicht vor der Nase und genau so jammerig wie du!"

„So kann man's natürlich auch sehen", nuschelte Theo, sich mit der Schwingkopf-Apparatur durch die weiße Schaumpracht fahrend.

„So muß man's sehen. Die einen haben Angst vor der 50, und die anderen beneiden dich drum. Denk an Hubert und Klaus – der eine ist 59 und zittert vor der 60, der andere ist 65 und schielt schweißbedeckt auf die 70. Für die bist du doch ein Jüngling mit lockigem Haar. Überhaupt: am Anfang eines Jahrzehnts ist man psychologisch immer besser dran als am Ende. Der ist erst Anfang 50, sagt man, aber: der ist auch schon Ende vierzig. Glaub mir's – alle beneiden dich."

Theo, dessen Hirn zu dieser Morgenstunde noch nicht ganz so leistungsfähig war, um diese

riskante Logik nachzuvollziehen, brummte etwas,
mit dem er sich nicht festlegte, das aber nachdenk-
liche Zustimmung signalisierte.

„Glaub mir", hakte Trudi nach, „du stehst jetzt
am Anfang eines neuen Lebensabschnitts. Und am
Anfang zu stehen, das ist doch immer was Schönes. Viel besser jedenfalls als am Ende, wie Franz
und Wilfried."

„Trotzdem", wandte Theo ein, „mit 50 blättert
man schon so ein bißchen im letzten Kapitel rum.
Finde ich jedenfalls. Man kennt den Inhalt, ahnt
schon, wie's ausgeht, hat den großen Draufblick,
aber man weiß leider auch, daß auf den paar Seiten nicht mehr allzuviel passieren wird."

„Das ist alles noch Panik von gestern", meinte
Trudi. „Ihr Männer denkt, wenn euch auf der
Straße nicht mehr die 18jährigen Mädchen nach-
pfeifen, liegt ihr bereits auf der Intensivstation."

„Der Weg dahin ist jedenfalls kürzer als mit 20",
sagte Theo, wobei er das Kinn vorstreckte, um sich
die Bartstoppeln am Hals besser wegschaben zu
können, „und genau das ist das Problem. Irgendwie seh' ich mich schon am Arm von zwei Zivis
durchs Altersheim schlurfen."

„Jetzt erzähl mir doch bloß nicht, daß du nochmal 20 sein möchtest, ich meine heute. Mal ganz
abgesehen davon, daß ich dich mit 20 kennengelernt habe und noch genau weiß, wie unzufrieden
und unausstehlich du damals warst – was hast du

mir inzwischen nicht alles von deiner Kindheit
vorgeschwärmt! Die Straßen fast ohne Autos, der
schöne freie Platz hinterm Haus ..."
   „Ah ja", Theo fuhr ab wie auf ein Stichwort,
„das untere Drittel war völlig platt und ideal für
Fußball, der mittlere Teil voller Hügel, von denen
man im Winter runterrodeln konnte und in deren
Täler sich nach der Schneeschmelze kleine Seen
bildeten, und ich werde ..."
   „Jawohl", fiel ihm Trudi ins Wort, „und du wirst
nie vergessen, wie der laue Vorfrühlingswind das
Eis darauf hinwegtaute und kleine Wellen ans Ufer
blies, während ein Regenwolkenhimmel sich dun-
kelgrau drin spiegelte. Stimmt's?"
   „Stimmt aufs Wort. Aber woher weißt du das?
Hab' ich darüber schon so oft gesprochen?"
   „Bei hundert hab' ich aufgehört zu zählen", sag-
te Trudi. „Und auch das obere Platzdrittel kenne
ich wie meine Küche: erst Wiese, dann Sand zum
Löcher graben und Burgen bauen."
   „Sand," ergänzte Theo, „mit unterschiedlichen
Schichten. Erst braun, dann rot, dann weiß. Wer's
bis zur weißen Schicht schaffte, war der King.
Man hatte immer das Gefühl: noch ein paar Meter
tiefer, und man stößt auf den Erdmittelpunkt."
   „Und dann der Park zwei Straßen weiter – völ-
lig verwildert, zum Indianerspielen ideal."
   „Richtig, und vergiß die alten Häuser in der
Feldbergstraße nicht", fuhr Theo fort, den Rasie-

rer erhoben in der Hand und selbstvergessen in den Spiegel schauend, als könne er dort seine Erinnerungen sehen, „heruntergekommen und mit geheimnisvollen Hinterhöfen. Dort spielten wir immer Detektiv. Ich war Tom Shark, oder auch Frank Allan ..."

„Und dann Gisela ...", schubste Trudi sein Gedächtnis weiter.

„Richtig, Gisela. Mit dem blauen Faltenrock, der weißen Bluse und den kastanienbraunen Zöpfen ... bis hierher", Theo versuchte, an seinem Rücken die Stelle zu zeigen, bis zu der Giselas Zöpfe gereicht hatten.

„Na bitte", meinte Trudi befriedigt, „du bestätigst mich Punkt für Punkt. Wo ist denn heute dein freier Platz? Zugebaut seit gut 30 Jahren. Und der Park ..."

„Längst ein Parkplatz."

„Also vom Park zum Parkplatz, eine schöne Metamorphose. Und deine Detektivspiel-Häuser sind schon lange abgeräumt. Da stehen ja jetzt diese gräßlichen Neubauten. Auch die Zehnjährigen mit Faltenrock, Bluse und Zöpfen sind seit Jahrhunderten aus der Mode. Was hättest du dagegen gehabt, wenn du heute 20 wärst? Zugeparkte Straßen, Abgase, Autostaus und eine Schule zum Wahnsinnigwerden. Mit Tischen statt Bänken für jede Menge Bandscheibenschäden. Mal ganz davon abgesehen, daß du dann die Abende vorm

Fernseher verbracht hättest statt mit Tom Shark. Und da willst du noch mal 20 sein?" Theo schüttelte heftig den Kopf, wobei nicht auszumachen war, ob dies als Antwort auf Trudis Frage zu sehen war, oder ob es dem heißen Wasser galt, das er sich ins Gesicht geschüttet hatte.

„Und jetzt blick mal nach vorn, du Möchtegern-Zwanziger. Was erwartet dich denn in 50 Jahren? Denk doch mal ans Ozonloch, an den Treibhauseffekt, an die Ölteppiche an Nord- und Südpol, ans Dioxin im Leitungswasser! Heute steht wieder in der Zeitung, daß sie den asiatischen Regenwald immer weiter umhauen, nur weil die Japaner und Koreaner Eßstäbchen aus leichtem Tropenholz brauchen, die sie hinterher wegschmeißen, wenn sie ihr Chop Suey gegessen haben. Und das geht doch immer so weiter und wird immer schlimmer! Was glaubst du, was in 50 Jahren hier los ist! Nee, sei froh, daß du 50 bist, und keinen Tag jünger!"

„Nicht zu fassen", sagte Theo Tappert, Kubikmeter von Rasierwasser über seinem Gesicht verteilend, „gerade noch denk' ich, die Welt geht unter, nur weil ich heute 50 werde. Und jetzt muß ich direkt froh sein, daß ich's bin, weil ich nur so dem Weltuntergang noch mal von der Schippe springe ... Endlich 50 – du hast wirklich recht, man muß direkt dankbar sein. So gesehen hab' ich fast das Gefühl, daß ich mit meinen 50 sogar noch gefährlich jung bin. Da kriegt man ja vielleicht noch ein gehöriges Stück ab vom letzten Akt, wenn man Pech hat."

„Sag' ich doch – du bist gefährlich jung. Schön daß du's jetzt auch einsiehst. Und noch eins: Wenn du erst 20 wärst, hätten wir uns doch nie getroffen, oder würdest du mit 'ner 48jährigen Frau anbandeln? Wer sollte dir also die Augen öffnen, wenn du mal 50 bist? Als Zwanziger hätteste das ja noch vor dir."

Und sie küßte ihn auf die rasierwasserduftende Wange. „Herzlichen Glückwunsch auch zum 50sten!"

Gutes Gewissen

Na endlich, dachte Bruno Bolz, als er die 15 um die Kurve kommen sah, und trat ein paar Schritte zurück. Das tat er schon fast automatisch, denn seit er mal in einem Krimi gesehen hatte, wie ein Gangster sein Opfer auf die Gleise schubste, spürte er beim Anblick einer Straßenbahn immer Hände im Rücken, die ihn nach vorn drücken wollten, in letzter Sekunde und ohne Chance, davonzukommen. Ein unangenehmer Tod, dachte er, sei besser mal vorsichtig. Reine Phobie.

Die unterirdische Haltestelle Schloßplatz war einer der größten Straßenbahnknotenpunkte der Stadt. Entsprechend groß war die Menschenmenge, die nun aus den Wagen herausdrängte. Aber auch die Zusteigenden waren zahlreich und verteilten sich im Nu über die leeren Plätze. Bolz erwischte gerade noch einen Sitz fast an der Tür.

Die Bahn ruckte an, glitt durch den Tunnel und stieg anschließend ans Tageslicht empor. Es war

Nachmittag, freundliche Frühlingssonne lag über der Stadt.

Bolz fuhr oft mit der Straßenbahn. Das ersparte ihm die ewige Parkplatzsucherei in der City. Seit die Bußgeldsätze wieder mal angestiegen waren, konnte man sich's überhaupt nicht mehr leisten, beim Falschparken erwischt zu werden.

Er sah sich im Wagen um. Zwei Frauen um die Dreißig standen im Gang und hielten sich an den Haltegriffen, dahinter ein grauhaariger Mann, der im Stehen ein Heft las.

Eine Situation, wie er sie früher immer gefürchtet hatte – Frauen (schlechthin) sowie Männer höheren Alters standen, während er saß!

Überall war ihm das passiert. Beim Arzt, auf Behörden und natürlich auch in der Straßenbahn. Immer hatte er dann das Gefühl gehabt, aufstehen und seinen Platz anbieten zu müssen. Das war schon Erziehungsbestandteil gewesen. ‚Laß die Frau da sitzen!‘, hatte ihm seine Mutter immer zugeraunt, wenn sie in eine solche Situation geraten waren. Und dann war er widerspruchslos aufgestanden und hatte seinen Platz freigemacht. Er war deshalb immer froh gewesen, wenn mehr Leute aus- als zustiegen. Solange noch ein paar Plätze frei waren, konnte er in Ruhe sitzenbleiben und die Fahrt genießen.

Manchmal, erinnerte er sich, hatte er sogar ganz einfach die Augen zugemacht und sich schlafend gestellt. Wenn ich schlafe, kann ich nicht sehen, wer keinen Platz hat. Also muß ich auch nicht aufstehen.

Vor vielen Jahren hatte er mal eine Weile als Verkäufer gearbeitet, da hatte er den ganzen Tag auf den Beinen sein müssen. Die Straßenbahn bot ihm dann nach Stunden die erste Möglichkeit zum Ausruhen. Aber: die Erziehungsmaßnahmen seiner Mutter waren von unübersehbarer Langzeitwirkung gewesen – er hatte es, Müdigkeit hin oder her, einfach nicht fertiggebracht, sitzen zu bleiben, wenn andere, und zwar deutlich Ältere, stehen mußten. Da war dann die Ungemütlichkeit des Stehens durch die Annehmlichkeit des guten Gewissens ausgeglichen worden. Und das war ihm dann doch lieber gewesen, als zu sitzen und von Unruhe geplagt zu werden.

Besonders schlimm war das, wenn ein anderer, vielleicht sogar älterer als er, aufgestanden war und seinen Platz zur Verfügung gestellt hatte. Dann traf es ihn doppelt – sein Sitzenbleiben erschien ihm noch ungehöriger, und durch sein Aufstehen konnte er nur noch signalisieren, daß er erst das gute Beispiel des anderen gebraucht hatte, um so zu handeln, wie es sich gehörte.

So hatte er oft letzte freie Plätze übersehen und war einfach stehengeblieben. Dadurch hatte er sich alle Probleme und Gewissens-Anfechtungen erspart.

Allerdings waren ja inzwischen wohl andere Zeiten, die Höflichkeit aus schlechtem Gewissen kam mehr und mehr aus der Mode. Die Jüngeren dachten gar nicht mehr daran, Plätze anzubieten. Und außerdem: die Frauen waren ja nun emanzipiert, also den Männern gleichgestellt – mit der Abschaffung von Benachteiligungen waren, wie er fand, auch die Vorteile nicht mehr aktuell. Auch schienen die Frauen dergleichen sowieso nicht mehr zu wollen. Vor längerer Zeit hatte er mal einer Frau einen Platz angeboten, war aber mit der Bemerkung: Danke, Kavaliere sind out! abgeschmettert worden.

Nun gut, hatte er gedacht, wenn das so ist, dann ist ja ein Problem in dieser Hinsicht aus der Welt. Blieben also nur noch die Älteren ...

Bolz lächelte vor sich hin – auch das war nun kein Thema mehr. Gestern war er 50 geworden, und damit, wie er fand, hatte er ein absolutes Alters-Anrecht auf einen Sitzplatz. Von jetzt an, sagte er sich, konnte er unbesorgt sitzenbleiben, wo auch immer er war. Jetzt mußten wirklich mal die anderen ran. Und wenn die das nicht merkten oder wollten, dann waren eben sie die Schlechterzogenen. Er jedenfalls war nunmehr ein für alle mal ex obligo.

Eine große Unbequemlichkeit war damit aus seinem Leben verschwunden, eine große Ruhe über ihn gekommen: Was er in der Schule immer

gefürchtet hatte, jetzt war es ihm erlaubt – sitzenbleiben!

Bolz lehnt sich bequem zurück und genoß den
Blick auf die Stadt. Er war auf dieser Strecke besonders berühmt, und gerade jetzt, im Frühling,
vermittelte er eine zauberhafte Impression. Er
würde jetzt doch wieder öfter Straßenbahn fahren.
Jetzt, da er wirklich sitzenbleiben durfte!

Welcher Tag ist heute?

„Also für Wolf ist das ja ein ganz schlimmer Tag heute", sagte Hiltrud zu Achim und legte ihm noch etwas von dem mahagonigebeizten Lachs auf, „er feiert zwar und gibt sich munter. Aber wie's drinnen aussieht, fiag bloß nicht." Sie kehrten mit ihren vollen Tellern wieder an den Couchtisch zurück. Die Geburtstagsgesellschaft hatte sich bereits zwanglos im großen, rustikal möblierten Wohnzimmer verteilt, kleine Gesprächsgrüppchen hatten sich gebildet, zusammengehalten nur noch vom gemeinsamen Lob auf Hiltruds kaltes Büffet.

Wolfs 50ster − ein seit Wochen ausgiebig propagiertes Ereignis, ein Geburtstag, nicht wie jeder andere.

„Ein halbes Jahrhundert," so Robert Kaufmann, der seine Hälfte schon seit einigen Jahren hinter sich hatte, „das ist ein Einschnitt, der darf nicht so glanzlos vorüberziehen. Ja, ich werd' mich jedenfalls nach einem passenden Geschenk umsehen."

Heute also war dieser Tag, und im Augenblick war sein Abend.

„Ich weiß ja nicht", meinte Friedhelm Menges, ein geräuchertes Forellenfilet mit Sahnemeerrettich betupfend, „aber der 50., das ist was Besonderes. Ich bin ja erst in zwei Jahren dran, aber ich gebe unumwunden zu, daß ich einen gehörigen Bammel davor habe. 50 – also wie das schon klingt. Irgendwie hab' ich das Gefühl, daß ich dann bereits zum alten Eisen gehöre."

Allgemeiner Protest ringsum – von über 50jährigen, die sich diese deprimierende Sicht nicht zu eigen machen wollten, sowie von Mitt- und Endvierzigern, die teils aus Höflichkeit, teils aus egoistischer Vorsorge widersprachen.

„Ich weiß nicht, was du hast", sagte Gerda, eine blühende Anfangsvierzigerin, die gut reden hatte, „aber ab 50 ist doch der Mann erst richtig Mann. Was hat man denn von den jungen Bürschchen, die wissen ja gar nicht, wo's lang geht. Hab' ich nicht recht?"

„Nun ja", das Geburtstagskind Wolf Wendland schaltete sich ein, „zwischen jungen Bürschchen und einem 50er gibt's ja noch etliche Abstufungen. Und eine dieser Abstufungen, und zwar mehr zum Hellgrauen hin, das wär' ich jetzt gern. Geb' ich ehrlich zu. Ich, sozusagen als aktuell Betroffener, muß Friedhelm zur Seite treten: man ist mit 50 nicht mehr derselbe wie mit 49. Fragt mich nicht warum, aber es ist so. Überall ist man von 40ern umgeben, im Büro wimmelt es nur so davon. Versteht ihr? Gestern gehörte ich noch dazu. Ok, ich war 49, andere 43 oder 44, es lagen genauso viele Jahre zwischen uns wie jetzt. Nur: jetzt bin ich bei uns der einzige 50er. Stubenältester mit 'ner klaren Fünf vorn dran, deutlich geschieden von dem Rest der Welt."

„Lieber Himmel", sagte seine Frau, „nun mach's aber halblang. Wenn man dich hört, könnte man denken, der Sensenmann spielt schon mit dem Schleifstein! 50 – was ist das denn schon für ein Alter, da fangen andere erst richtig an."

„Quatsch", antwortete Wendland, „was für ein Leben soll denn jetzt erst richtig anfangen? Im Gegenteil: jetzt geht's deutlich abwärts, versteht ihr? Wär' das Leben ein Fußballspiel oder ein Theaterstück, dann würden jetzt die ersten Zuschauer weggehen. Was jetzt noch groß kommen kann, darauf verzichten wir. Lieber sind wir rechtzeitig an Garderobe und Parkplatz. So sieht's doch aus."

„Also, das ist eine Beleidigung, die ich mir verbitten muß", fuhr Marlene Möwig auf, eine mehrfach geliftete Mittfünfzigerin, „ich meine, wie du deine Zukunft siehst, ist deine Sache, aber hör bitte auf, uns anderen hier quasi das Leben abzusprechen. Was glaubst du wohl, was ich noch alles vorhabe! Demnächst trampe ich durch die Staaten, danach nehme ich auf Hawaii am Triathlon teil, und im Winter wollen wir auf Skiern den Montblanc runterfahren."

„Ok. Ok, verzeiht bitte, wenn ich euch zu nahe getreten bin", meinte Wendland, „aber ich gehe natürlich von mir aus – was habe ich nicht alles erreichen wollen . . . ! Und wo steh' ich heute? Besserer Sachbearbeiter bei Bongartz & Baum. Und meint ihr, das ändert sich noch? Pa! Letztes Jahr haben sie mich wieder übergangen, und wer's in meiner Situation mit 50 nicht geschafft hat, der kann sich doch vergessen. So meine ich das. Du, liebe Marlene, kannst ruhig durch den Grandcanyon kraulen, wenn's dir Spaß macht, das ist doch nicht das Thema!"

Kaufmann bemühte sich um Schlichtung. „Gut, ich geb' ja zu, daß die 50er Grenze ganz schön schlimm ist. Aber es nutzt doch nichts, sich dagegen aufzulehnen – jeden Tag werden X Menschen 50. Und 60 und 70 und 80, wenn die alle so ein Weltschmerztheater aufführen wollten . . . Das ist nun mal das Leben: eine Stufe folgt nach der anderen. Als ich 40 wurde, hab' ich auch gedacht, nun ist alles aus. Na und – heute wäre ich froh, ich wär's noch mal!"

„Na bitte", fuhr ihm Wendland hitzig dazwischen, „du gibst also zu, daß du mit deinen über

50 alles andere als glücklich bist und gern nochmal 40 wärst. Das sag' ich doch: 50 ist schlimm,
ja: es ist deprimierend. Eben war ich noch ein jun-
ger Kerl von paarunddreißig – und jetzt? Jetzt
blicke ich dem Alter mitten in den grauen Star.
Das war Ihr Leben ... Deckel zu, vorbei."

„Ich glaube, wir sollten jetzt wirklich mal was
trinken", versuchte Hiltrud abzulenken, „hat jeder
ein volles Glas? Also, jetzt trinken wir alle mal auf
dich – Prost Geburtstagskind!"

Allgemeine Zustimmung, Kelche wurden erhoben, und Augen zwinkerten aufmunternd.

„Naja", sagte Wendland, „vielleicht habt ihr
recht, und ich bin lediglich ein bißchen panisch.
Und ich weiß auch gar nicht mal genau, was mich
so sehr schreckt – die kurze Zeit, die ich vielleicht
noch vor mir habe" (nanana, erklang's ringsum)
„oder die Riesenstrecke, die hinter mir liegt. Also,
wenn ich manchmal zurückdenke, was in all den
Jahren meines bescheidenen Erdenwandels so passiert ist ... soviel Weltgeschichte kriegt man doch
sonst kaum mit in 50 Jahren, sagt selbst. Geboren
im Jahr der berühmten Führer-Olympiade ...
Und heute: Demokratie, Nato und vereintes Euro-
pa. Dazwischen Weltkrieg, Untergang, Neuauf-
bau, Adenauer und das Endspiel Deutschland–
Ungarn ..."

„Augenblick mal", sagte Bernd Bösiger, ein An-
fangssechziger von durchgegorener Abgeklärtheit,

„sagtest du eben Führer-Olympiade? Ich meine, mal ganz abgesehen davon, daß es Olympische Spiele heißen muß".

„Jaja", bestätigte Wendland, „Jesse Owens, Leni Riefenstahl und all das."

Bösiger nickte versonnen vor sich hin. „Schau mal", sagte er, „diese, wie du es nennst, Führer-Olympiade war 1936, nicht wahr? Und was haben wir jetzt ... na? 1985. Nun sag mir doch mal genau, wann du Geburtstag hast ... nur so, für alle Fälle."

Wendlands Mund blieb ein bißchen offen. „Am 25.3.36", sagte er schließlich, „verdammt ... dann ..."

„Genau", Bösiger lächelte fein, „und was haben wir heute? Den 26.3.85 ..."

Wendland schlug sich vor den Kopf. „Also das hab' ich doch schon als Kind verwechselt – den 25.3.36 mit dem 26.3.35! Schon zweimal ist mir das passiert ... also", er wandte sich an seine Frau, „warum sagst du mir nicht, wann genau ich Geburtstag hab'. An alles muß ich selbst denken."

„Na hör mal", Hiltrud Wendland stellte erbost ihr Sektglas auf den Tisch, „wenn du das nicht selber weißt! Seit Jahren feiern wir den 26.3. – ich schau doch nicht in deinem Paß nach!"

„Aber", Wendland suchte nach Worten, „aber wenn das stimmt, ... dann werd'ich heute ja ..."

„49", half ihm Bösiger, „du sagst es."

„Mein Gott", Wendland sank in seine Sofaecke zurück, „49 – bitte sagt, daß es stimmt! 25.3.36 bis 25.3.85 das macht 49 und kein Jahr mehr!" Und er begann, an den Fingern zu zählen.

„Ja", sagte Kaufmann und griff nach seinem Glas, „dann ist also alles in bester Ordnung. Du darfst dich wieder abregen, lieber Wolf, und wir feiern außerordentlich aufwendig deinen absolut belanglosen 49sten."

Wendland wandte sich völlig durcheinander seiner Frau zu. Diese küßte ihn sanft irgendwohin ins Gesicht. „Aber Schatz", sagte sie liebevoll, „natürlich wußte ich, daß wir seit Jahren einen Tag zu spät feiern. Aber ich dachte mir: laß ihn mal, eine schönere Geburtstagsüberraschung, als ihm mit 50 ein Jahr zu schenken, kann ich ihm gar nicht machen. Stimmt's?"

Sekundenlang starrte Wendland vor sich hin. „Also 49 bin ich heute", sagte er schließlich und fügte nach kurzer Pause hinzu: „Aber dann werd' ich ja nächstes Jahr schon 50. Oh Gott, 50!"

Das Jubiläum

Martin Meissner haßte Rummel. Genauer: Rummel, bei dem er im Mittelpunkt stand. Warum das so war, konnte er schlecht sagen. Wenn er von seiner Abneigung berichtete, glaubte ihm keiner.

„Jeder Mensch ist eitel", wurde er dann abgefertigt, „und jeder ist gern Mittelpunkt von Feiern, da machst du keine Ausnahme."

„Jaja", sagte dann Meissner eifrig, „ja, auch ich bin eitel, ich bin alles, was ihr wollt, aber Mittelpunkt sein ist das Schlimmste, was man mir antun kann. Geburtstage zum Beispiel: kommt alle, wenn ich dran bin, aber laßt mich raus, beachtet mich nicht besonders, bringt keine Toasts aus ... nichts dergleichen, habt ihr mich verstanden?"

„Jaja, wir wissen, du bist ein bescheidenes Pflänzchen, aber mal ehrlich: wenn wir uns wirklich so verhalten würden, wärst du ganz schön sauer ..."

„Wär' ich nicht!" „Wärst du doch!"

Jedenfalls: niemand glaubte ihm. Mehr noch: alle hielten es für eine besonders raffinierte Form von Selbstdarstellung: bescheiden sein und doch gefeiert werden – das könne ihm so passen. Privat ging das noch an. Die Leute, Freunde zumeist, kamen nach und nach, schüttelten die Hand, drückten sich, so es die Frauen der Freunde waren, auch zweimal statt wie üblich einmal an ihn, verpackten gute Wünsche in einen ironischpathetischen Ton, um sie leichter aussprechen zu können – also all das ging ja noch.

Schlimm war es dagegen im Büro. Vor allem Vollmer. Vollmer gehört zu jenem Menschentyp, der einem auf die Schultern schlägt, ‚altes Haus‘ betitelt, von ‚Ohren steif halten‘ redet und Bescheidenheit, wie Meissner sie für seine Person reklamierte und zu berücksichtigen bat, überhaupt nicht gelten läßt.

„Du bist so ein lieber Kerl“, pflegte er dröhnend zu sagen, „dich zu feiern macht uns allen Spaß. Und dir ja auch. Keine Widerrede.“

Jeder, der ähnlich empfindet wie Meissner, wird nachvollziehen können, wie ihm zumute war, als er sich am Morgen seines 50sten Geburtstags ins Auto setzte, um seine tägliche Bürofahrt anzutreten.

Im Geiste sah er bereits, was Vollmer wieder vorbereitet hatte. Schon bei normalen Geburtstagen wurde er von der Abteilung empfangen, die

lauthals Happy birthday sang und zu allem Über-
fluß auch noch ein ‚Hoch soll er leben …!' dran-
hängte, das wirklich dreimal gebracht wurde. Er
stand dann reichlich verlegen da, komprimiertes
Unbehagen verströmend.

Die einen grinsten unverhohlen und freuten sich
daran, wie er sich wandt, die anderen glaubten, er
tue nur so und nannten ihn einen undankbaren
Kerl, der nicht zu schätzen wisse, in welche ideel-
len und materiellen Unkosten man sich seinet-
wegen gestürzt habe.

Mit anderen Worten: er kam nie gut weg. Dabei
war es doch sein Geburtstag, aber wen interessierte
das schon.

Wenn dieser Aufwand bereits bei seinen normalen Geburtstagen getrieben wurde – womit würde
er erst heute, bei seinem 50sten, rechnen müssen?

Gut, nachmittags mußte er dann einen ausgeben, das war wichtig. Aber das machte ihm wenig
aus, darauf kam es ihm nicht an. Im Gegenteil:
auf diese Weise konnte er von sich ablenken –
wenn sie alle erstmal mit ihren Häppchen und
Weingläsern herumstanden, war er sozusagen aus
dem Schußfeld. Obwohl es immer wieder Kollegen
– und vor allem Kolleginnen – gab, die seine Abneigung gegen Geburtstagsfeiern damit begründen
wollten, daß ihm hinterher wohl die Kosten für
den bunten Nachmittag wieder mal viel zu teuer
gewesen waren.

„Sie wollen nur keinen ausgeben!", zischten sie
ihn an, „das ist der ganze Grund für Ihre Ziererei.
Wie kann man nur so unkollegial und geizig sein."
Also auch das mußte er hinnehmen, obwohl es
weiß Gott nicht stimmte. Irgendwie schien sein
Verhalten, so natürlich und verständlich es auch
ihm selbst vorkam, gegen eine Menge ungeschrie-
bener Regeln zu verstoßen.

Er parkte auf seinem reservierten Platz und
ging dann, zusammen mit anderen, auf das Ver-
waltungsgebäude zu. Schon jetzt versuchte er, sich
so unauffällig wie möglich zu verhalten – ein
freundlich-höfliches „Hallo" oder „Morjn!", be-
gleitet von leichter Handbewegung – mehr nicht.
Ständig befürchtete er, einer könnte ihn, womög-
lich über mehrere Autos hinweg, auf seinen Geburtstag ansprechen, ihm vielleicht sogar lauthals-
fröhlich gratulieren.

Er benutzte keinen Fahrstuhl, sondern hastete
die Treppe hinauf, ging über den Flur und öffnete
dann, schlimmer Ahnungen voll, die Tür zu dem
Großraumbüro, wo er ganz hinten seinen Schreibtisch hatte.

Doch: nichts passierte.

Einige waren schon da, grüßten routinemäßig,
niemand sprach ihn an, von Singen ganz zu
schweigen, und auf seinem Schreibtisch befand
sich auch nicht, wie sonst immer, das obligatori-
sche, prachtvoll eingewickelte Geschenk.

Keiner lächelte verdächtig, keiner tat krampf-
haft unschuldig – kurzum: keiner schien von seinem Geburtstag zu wissen. War das möglich?

Gewiß, Vollmer arbeitete noch in der gleichen
Abteilung – er war nur gerade nicht im Zimmer –, und auch einige andere der alten Kollegen
mußten davon wissen. Aber es waren im letzten
Jahr auch etliche neue dazugekommen – vielleicht, er wagte kaum, es zu glauben, vielleicht
hatte man im Trubel der letzten Tage diesen Geburtstag völlig vergessen!

Nur nicht auffallen, sagte er sich, nur keine
Aufmerksamkeit erregen. Er verkroch sich fast
hinter seiner Arbeit und bemühte sich um ein Gesicht, das absolut ausdruckslos war.

Erfreulicherweise hatte er viel zu tun an diesem
Vormittag, ständig rief ihn jemand an und wollte
was. Dann wieder mußte er durchs Haus, um sich
irgendwelche Unterlagen zu beschaffen. Und jedesmal, wenn er wieder in sein Büro zurückkam,
fürchtete er, nun sei doch einer dahintergekom-
men. Aber – nichts dergleichen, der Tag verlief
wie immer. Zum Mittag hin fühlte er zum ersten
Mal so etwas wie Sicherheit, daß ihm diesmal
nichts passieren konnte. Tatsächlich, sie schienen
ihn vergessen zu haben.

In der Kantine sprach er sogar mit Vollmer über
ein Projekt, bei dem er demnächst seine, Vollmers,
Hilfe brauchen würde, und sie verabredeten sich

ohne jeden verdächtigen Zungenschlag auf den nächsten Tag.

Wieder zurück, las er flüchtig in der Tageszeitung, dann bückte er sich, um ein paar Papiere aus der untersten Schublade zu holen, und als er wieder mit seinem Kopf über der Schreibtischplatte erschien, da brach es über ihn herein.

Alle hatten den kurzen Moment seines Suchens genutzt, um sich in einer Zweierformation zwischen den Schreibtischen aufzustellen, in der Mitte Vollmer, und gerade als Meissner hochschaute, und seine geweiteten Augen dem Gehirn das Gesehene meldeten, dröhnte ein herzhaftes „Happy birthday to you ...!" durch den Raum.

Meissner blieb starr sitzen, dann senkte er den Kopf in der Art eines Delinquenten, der sein Urteil vernimmt, und ließ den Gesang über sich hinwegfluten. Ach Gott, dachte er halblaut, und ich hatte schon gedacht, der Tag ginge harmlos vorüber ...

„... happy birthday, lieber Martin", sangen sie, und es störte ihn wie immer, daß alle, mit denen er per Sie war, ihn dabei völlig unerlaubterweise beim Vornamen nennen durften.

Als er schon glaubte, es sei vorbei, sangen sie das Ganze noch mal auf deutsch, und hinterher ließen sie ihn noch dreimal ‚dreimal hoch' leben.

Er nahm alles demütig hin, das Kinn in die Linke gestützt. Er wußte, sie meinten es nahezu gut, und zum wiederholten Mal fragte er sich, was es war, daß er sich so überhaupt nicht freuen konnte, wie andere das an seiner Stelle tun würden. Anschließend mußte er aufstehen und eine Million Hände schütteln und „vielen Dank, ja, das wünsch' ich mir auch ... ja, das kann ich brauchen" sagen. Und dann umarmte ihn Vollmer nochmal ganz heftig und schmatzte ihm etwas Nasses auf die Backe.

„Damit hatten Sie wohl nicht mehr gerechnet!" meinte Elli Elzholz, „Sie haben auch den ganzen Vormittag über schon so ein enttäuschtes Gesicht gemacht. Sie haben mir richtig leid getan", fügte sie hinzu, und Meissner glaubte ihr aufs Wort, „und am liebsten hätte ich gesagt: Nun sind Sie mal nicht traurig, es kommt noch ..."

„Es heißt: seien Sie mal ...", sagte Meissner kraftlos in ihren Wortschwall hinein, „aber stören Sie sich nicht daran ..."

„Ein richtiger Widerling", fuhr ihn Angelika Altenburg an, „man sorgt sich um ihn, und das einzige, was er tun kann, ist: er verbessert einen ..."

„Jetzt mal Ruhe", stemmte sich Vollmer gegen die allgemeine Lautstärke, „Ruhe! ... Gut. Also, lieber Martin", sagte er, als das letzte Rhabarber verstummt war, „wir wünschen dir alle, wie wir hier stehen, von Herzen einen recht, recht schönen 50sten Geburtstag und alles, alles Gute."

Vollmer wechselte jetzt vom lauten Kumpelgedröhn erbarmungslos in die Bereiche von ehrlich

gemeintem, schlicht-menschlichem Pathos, und
Meissner krümmte sich innerlich. „Und natürlich",
fuhr Vollmer fort, „haben wir für dich auch ein
schönes Geschenk gekauft – bitte!"
Bei diesen Worten kamen zwei andere hinter den
Grünpflanzen in Hydrokultur hervor, ein sperri-
ges, verpacktes Gerät in Meissners Gesichtskreis
zerrend. „Hier", sagte Meissner, „damit du in den
nächsten Jahren nicht einrostest."
„Herkommen . . . selbst aufmachen . . . laß ihn
mal!" Auffordernde Worte flogen umher. Meissner näherte sich dem merkwürdigen Gegenstand
mit der Vorsicht eines Mannes, der um Mitternacht ein dunkles Zimmer betritt, über das seltsame Gerüchte in Umlauf sind, und begann dann,
unterstützt von anfeuernden Bemerkungen sowie
von solchen, die seine Geschicklichkeit in Zweifel
zogen, die Verpackung aufzuschneiden und aufzu-
wickeln.
Schon ab dem ersten Drittel wurde sein Ver-
dacht zur Gewißheit: ein Hometrainer, also eines
jener Fahrräder, bei denen man wie wild treten
muß, aber wenigstens nicht vom Fleck kommt!
„Na, wie gefällt dir das . . . Das hättest du nicht
erwartet . . . Das müssen Sie jetzt aber täglich be-
nutzen . . . Da geht aber der Bauch weg . . . Er
soll's doch gleich mal ausprobieren . . . Jaja,
Platz, Martin, komm, keine Müdigkeit vorschüt-
zen, schön draufsetzen und treten, mal sehen, ob

du das kannst ... Genau, wir haben's schließlich bezahlt, jetzt wollen wir auch sehen, ob das Geld gut angelegt ist ...“

Ich mach' jetzt einfach alles, was sie wollen, dachte Meissner. Wenn ich mich ausziehen soll, tue ich's auch. Und je schneller ich's tue, um so schneller ist's vorbei.

Er kletterte in den Sattel, der ihm härter vorkam, als er Fahrradsättel in Erinnerung hatte, verzog das Gesicht, was ihm zweideutige und heftig belachte Kommentare einbrachte, trat verzweifelt in die Pedale, auch in der stärksten Einstellung, spürte, wie seine Adern schwollen und sein Herz hämmerte, ließ abfällige Bemerkungen zu seiner Kondition über sich ergehen und sprach außer Atem einige Dankesworte, während Mitglieder anderer Abteilungen, von dem Lärm angelockt, den Kopf durch die Tür steckten und sich nach der Ursache erkundigten.

Auf die Antwort „Meissner feiert seinen 50sten“, kamen alle herein und setzten sich mit den Worten „na, da wollen wir aber mal kräftig anstoßen“ auf die Schreibtische.

Erfreulicherweise stellte es sich heraus, daß man in der Kantine schon vorgewarnt hatte, so daß Bier und Wein, Häppchen und Kuchen unverzüglich angeliefert werden konnten, und alle ließen kauend und gläserschwenkend den lieben Kollegen Meissner hochleben.

„Na, jetzt sind Sie doch noch froh, daß wir Sie nicht vergessen haben", fragte Elli, „aber das war doch schlau eingefädelt – erst so tun, als hätten wir nicht dran gedacht, und dann, völlig überraschend, kommt's doch noch. Da ist die Freude ja nur um so größer. Vollmer hatte die Idee."

Ich hab's ihm zugetraut, dachte Meissner grimmig, und nippte an dem sauren Rotwein.

– – – Gottseidank – vorbei, dachte Meissner, als er gut zwei Stunden später zu seinem Wagen ging. Jetzt nichts wie heim und erstmal ein bißchen hinlegen. Wein unter Tag ist mörderisch.

Als Meissner zu Hause ankam, hatte er in der Diele schon so ein ungutes Gefühl . . . Richtig, als er das Zimmer betrat, fand er es schwarz von Menschen, die bei seinem Anblick ‚Happy birthday' anstimmten.

Der Sommer macht Urlaub

Also, wenn Sie mich fragen – ich verstehe das Gejammere dieser Männer, denen der Schritt über die Schwelle der 50er bevorsteht, nicht. Sie tun so, als stünden sie bereits im Vorgarten des Altersheims, glauben, des Lebens schöne Seiten seien vorüber, und vor allem die Frauen – die jungen insbesondere – würden sich nur noch mit schnippischen Bemerkungen von ihnen wenden.

Das ist natürlich alles barer Unsinn. Mehr noch: Mit 50 tritt man überhaupt erst so richtig aufs Pedal, die Welt steht einem offen und die Frauenherzen fliegen einem nur so zu. Jetzt ist der Mann ein wahrer Mann – gereift, erfahren, dynamisch und in der Liebe durch keinen dieser tapsigen Jünglinge zu ersetzen.

Ich weiß, was ich sage, denn ich spreche aus Erfahrung. Erst kürzlich durfte ich eine derartige Erfahrung wieder machen – noch dazu an einem südlichen Strand, und da ist bekanntlich das Angebot an attraktiver Männlichkeit alles andere als klein.

Gut, ich tue auch was für mein Aussehen. Ich foltere mich vor jeder Urlaubsfahrt mit einer erbarmungslosen Diät, um in meine Badeshorts vom letzten Jahr zu kommen, ich lasse mir das Haar wachsen und lege mir einen martialischen Schnauzbart zu.

Kurzum: wenn ich anfange, mich nicht mehr zu rasieren, wenn ich den notwendigen Gang zum Friseur verweigere und mittags am Schreibtisch meinen Joghurt löffele, statt in die Kantine zu gehen, weiß die ganze Abteilung: a. es ist Sommer, b. der Sommer macht Urlaub.

Richtig, mein Name: Ich heiße Stefan Sommer und bekleide in meiner Firma, einer Kreissparkasse, die wichtige Position des Filialleiters einer Bezirksaußenstelle. Doch das nur nebenbei. Wo waren wir gleich stehengeblieben? Richtig – Urlaub.

Also: kaum im Süden angekommen, lege ich mich an den Strand zu meiner Zeitung und biete der bräunenden Sonne alle nur möglichen Angriffsflächen dar. Nach zwei bis drei Wochen, wenn der erste Sonnenbrand abgeheilt ist und sich in leuchtendes Tiefbraun verwandelt hat, gefalle ich mir so richtig selbst: interessantes, wuscheliges Haupthaar, kräftiger Schnauzer, einladende Hautfarbe, dazu blaue Augen, die aus all dem kühn hervorblitzen. Kein Zweifel: ich könnte ein Abenteurer sein oder ein Künstler, vielleicht auch jemand aus der hohen Politik, falls man dort gut aussehen müßte.

So liege ich am Strand und harre der Dinge. Oft passiert gar nichts, aber dann wieder … aber bitte sehr:

Ich liege also da, und plötzlich fällt ein Schatten auf meine Zeitung. Ich blicke hoch, und was sehe ich? Eine bildschöne, formvollendete Blondine von etwa 22 Jahren, die mir schon mehrfach aufgefallen war, steht neben mir und blickt verlegen und verführerisch zugleich auf mich herunter.

„Entschuldigen Sie, daß ich Sie störe", sprach sie mit melodischer Stimme, „aber ich muß Sie einfach ansprechen. Sie erinnern mich an Götz George. Allerdings an einen besonders gut aussehenden Götz George, wenn ich das sagen darf."

Freundlich nickend erteilte ich ihr die Erlaubnis hierzu. Sie setzte sich zu mir und blickte mich strahlend an. „Es ist ja vielleicht nicht ganz üblich", sagte sie, „daß man als Frau den ersten Schritt tut, aber ich sage mir: Wenn mir einer gefällt, überlasse ich nichts dem Zufall. Und bei Ihnen wußte ich sofort: der und kein anderer!"

„Ich darf dieses Kompliment vollinhaltlich zurückgeben", antwortete ich, souverän wie ein ausgefuchster Kavalier, der für die geliebte Frau noch bereit ist, ins Heilige Land zu ziehen. So etwas kommt an, besonders bei den 22jährigen. „Ich halte auch Sie für eine der bemerkenswertesten Erscheinungen zwischen Bild-Zeitungsstand und Strandcafè und weiß das Glück Ihrer Gegenwart zu schätzen."

Ihre Augen wurden noch um einiges strahlender. „Sie sind wunderbar", sagte sie, „Sie sind genauso, wie ich Sie mir vorgestellt habe. So ... wie soll ich sagen ... männlich und doch so sensibel ... ja?"

„Ich kann dies nur bestätigen", antwortete ich, „denn ich finde tatsächlich, daß Sie mich gerade mit diesen beiden Adjektiven sehr gut beschrieben haben. Sie haben eine gute Beobachtungsgabe, alle Achtung, und wissen Menschen einzuschätzen. Das trifft man selten bei Mädchen Ihres Alters."

Sie schaute etwas verlegen drein, so daß ich ihr die Hand beruhigend auf die schimmernden Schultern legen mußte. Ein dunkelhaariger Typ, ca. 22, mit Bronzekörper, Typ Skilehrer, ging demonstrativ vorbei und musterte uns mit finsteren Blicken. Ich kann's verstehen. Jeder war wohl scharf auf sie, aber sie, sie hatte sich nun mal für mich entschieden. Sorry. Entweder man ist ein Frauentyp, oder man ist's nicht. Da hilft dann auch kein Body-Building. Die Ausstrahlung macht's. Wenn die nicht stimmt, stimmt gar nichts.

Ich wandte mich wieder ihr zu. Ihr hingerissener Blick suchte mein Gesicht nach den schönsten Stellen ab.

„Nehmen Sie's mir nicht übel", sagte ich, „aber ich wundere mich ein bißchen, warum Sie sich ausgerechnet mich herausgesucht haben. Gut, ich bin männlich und sensibel, Sie sagen es selbst, aber – es gibt Jüngere. Es gibt Männer, die Ihrem Alter viel besser entsprechen."

Sie machte ein angewidertes Gesicht sowie eine wegwerfende Handbewegung. „Ach, gehen Sie mir nur mit denen. Die haben doch nur ihren Ferrari im Kopf und sind auf ein schnelles Abenteuer aus. Einem 22jährigen bedeutet eine Frau doch nichts! Was weiß er schon von ihr, ich meine von ihren Wünschen und Träumen? Sie glauben gar nicht, wieviele leidvolle Geschichten ich schon erleben mußte, und wie sehr ich mich immer schon nach einem richtigen, erwachsenen Mann gesehnt habe. Nur: wann trifft man schon mal einen, der männliche Reife so sehr mit attraktivem Äußeren verbindet, wie es gerade bei Ihnen der Fall ist? Aber was kann sich ein Mann wie Sie schon aus einer kleinen dummen Gans wie mir machen! Das ist ja meine Angst."

Ich lächelte. „Es ist", sagte ich, „so und so keine Frage des Alters. Niemand ist im Grunde zu jung, niemand zu alt. Das sind Worte, die vielleicht im Körperlichen ihre Berechtigung finden mögen, wenn überhaupt. Die Seele dagegen – und das haben Sie zumindest unbewußt sehr gut gespürt – hat mit solchen Begriffen nichts zu tun. Die Seele selbst ist alterslos. Sie findet ihr Gegenstück – und dann ist alles andere ohne jegliche Bedeutung. Gleichgestimmte Seelen verstehen sich immer. Und da ist es sogar von Vorteil, wenn die eine das Ungestüm der Jugend einbringt, die andere hingegen die ein wenig von Weisheit touchierte Reife der höheren Jahre."

Ihre Augen bewunderten mich. „Ja, jetzt wo Sie das sagen, weiß ich, daß es stimmt. Jedenfalls, daß es auf mich zutrifft. Dieses Verstehen auf den ersten Blick, diese Worte, die man selbst vielleicht gerade empfunden hat, und schon spricht sie der andere aus – das ist es, was ich mir immer gewünscht habe. Wortloses Verstehen, Dialog mit Blicken und die Leidenschaft, die schon in einer einfachen Berührung der Hände zum Ausdruck kommt."

„Es ist wie … Instrument und Spieler", sagte ich versonnen und ließ den feinen Sand durch meine Finger laufen, „ein Stümper wird auch auf einer Stradivari nur Kratzgeräusche hervorbringen, ein Virtuose dagegen …" Ich ließ den Satz verschweben.

Heftigkeit trat in ihre Züge. „Aber was soll aus uns werden … du bist nicht allein hier, ich weiß es. Wann und wie werden wir uns sehen können!

Reißt uns das Schicksal nicht schon wieder auseinander, kaum daß es uns zusammengeführt hat? Oh!", sie schlug mit der Faust auf den Strand, „es ist grausam, grausam, grausam! Ich will es nicht hinnehmen! Ich kämpfe um mein Glück!"

Ich strich ihr über das lange blonde Haar, das ihr in aufgebrachten Locken in die Stirn fiel. „Ich kann mir gut vorstellen", sagte ich, „wie es jetzt in dir aussieht. Aber du mußt tapfer sein. Wir beide müssen tapfer sein. Es hilft nichts."

Ihre Lippen zitterten ein wenig. „Und dabei könnte ich's mir so wunderschön vorstellen – wir liegen tagsüber am Strand und sprechen über uns, abends gehen wir ausgelassen bummeln, du kaufst mir ein Eis, ich dir einen Strohhut, dann wandeln wir unterm mediterranen Mond durch die nächtlichen Blütenwege zu unserer gemeinsamen Ferienwohnung ... und dann – ach, ich darf gar nicht daran denken."

Ich wischte ihr mit einer sanften Bewegung des Handrückens eine Träne von der Wange. „Laß gut sein. Ein schöner Traum, mehr nicht. Aber mehr auch, als manch anderem vergönnt ist. Ich weiß, du hast die berechtigten und fordernden Wünsche der Jugend, ich dagegen bringe, Gott sei Dank, die Einsicht der erwachsenen Jahre mit. Und die Kraft des Verzichts, die aus der Lebenserfahrung kommt. Ich muß hart sein für uns beide. Bitte verzeih' mir!"

Ich stand auf und nahm meine Sachen zusammen. Sie blickte mit wunden Augen zu mir hoch. „Bringen wir's schnell hinter uns", sagte ich und wandte mich ab. Entschlossen ging ich los, irgendwo da vorn in der Villa Miranda wartete Elsbeth mit den Spaghetti aus der Dose. Ich ging mit einem klaren, festen, federnden Schritt, wobei ich hoffte, nicht auf einen scharfen Kiesel zu treten. Aber sie würde wahrscheinlich sowieso nichts sehen, mit diesen Tränenschleiern über ihren Augen.

Immerhin, und das kann ich jedem nur sagen: Wir 50jährige haben ganz schön Glück bei den Frauen. Da sind uns höchstens noch die Klavierspieler über ...

...

„Diese Alten sind immer wieder ein Spaß für sich", sagte Claudia, als sie kurz darauf mit ihrer Freundin Gaby an der Bar des Strandcafès saß. „Richtig süß war der Opa eben, und wunderbar mitgespielt hat er auch. Man muß aber aufpassen, daß man immer nur an einen Verheirateten kommt, sonst nehmen die das ernst, und dann steht man ganz schön blöd da. Ich denke da nur an den Stadtinspektor vom letzten Jahr: Immerzu hat er geschrieben und angerufen. Und jedesmal, wenn's an der Tür klingelte, dachte ich, er steht mit Koffern davor. Aber jedenfalls", und damit schaute sie in Richtung des dunkelhaarigen 22-

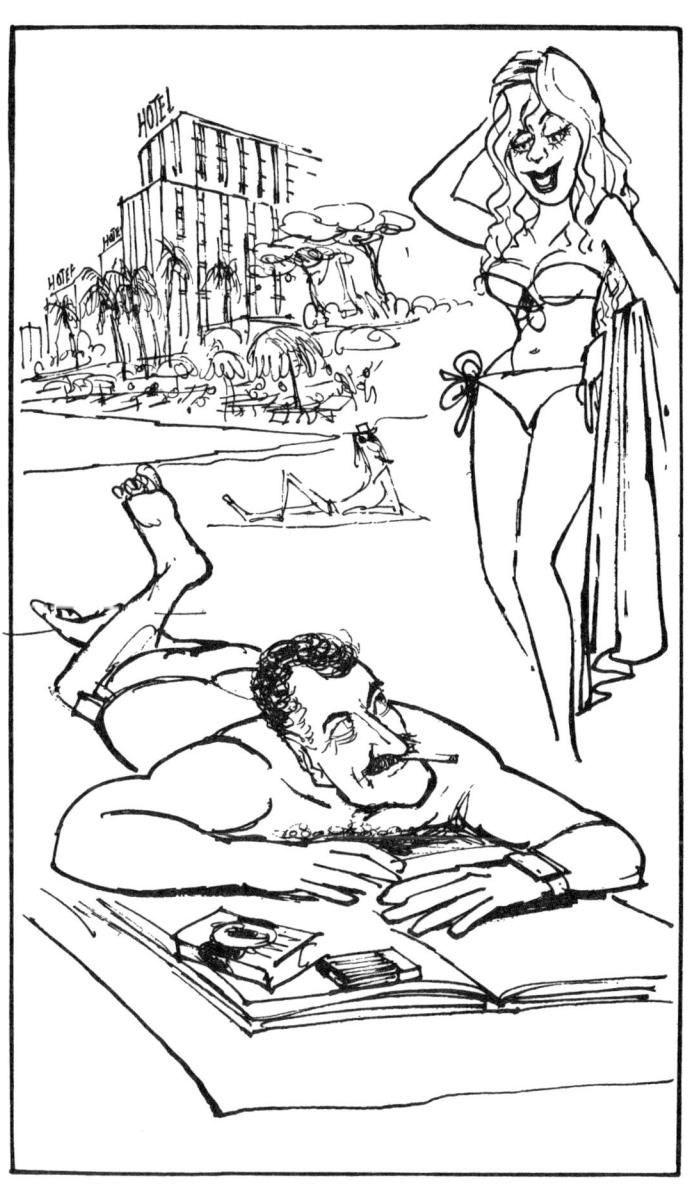

jährigen mit dem Bronzekörper „jedenfalls hat die Sache ihren Zweck erfüllt: Der Luigi ist stinkesauer." Sie rieb sich genußvoll die Hände. „Das mag ihm eine Lehre sein. Dann benimmt er sich heute abend wenigstens nicht wieder so bescheuert wie gestern."

SOS – 50!

Daß die 50 eine Nahtstelle im Leben jedes einzelnen bedeutet, ist bekannt. Zwei Lebensabschnitte
stoßen hier aufeinander, sie stellen sich aber für
jeden anders dar.

Hat der eine vielleicht Angst, nunmehr könnte
das Leben im wesentlichen vorbei sein, so befürch-
tet manch anderer nicht zu Unrecht, daß es jetzt
anfängt. Ist er darauf vorbereitet?

Wir kennen solche Leute. „Muttersöhnchen"
nennt sie der Volksmund herablassend und will
damit sagen: Noch immer stehen sie im Bannkreis
jener Frau, die sie geboren hat und zu der sie sich
flüchten, wann immer das Leben harsch zu ihnen
ist.

In der Schule fing's an, und da bekanntlich die
Probleme im Leben kein Ende nehmen wollen,
eher sogar an Menge und Gewicht zunehmen,
wird eine solch enge Bindung gern und unver-
sehens zur lebenslangen Fessel.

Dies besonders dann, wenn die erste große Liebe des vielleicht 25jährigen ein unglückliches Ende nimmt – was erste große Lieben bekanntlich so an sich haben. Verzweifelt birgt der große, aber dennoch hilflose und verletzte Junge sein tränennasses Gesicht an der vertrauten Mutterbrust, liebende Hände streicheln sein zerrauftes Haar und eine zärtliche Stimme flüstert Singsang-Worte des Trostes.

Das Resultat bevölkert die Wartezimmer der Analytiker: Der Sohn wendet sich von allen Vertreterinnen des weiblichen Geschlechts ab, außer von einer – der Mutter.

Das hat Vorteile, welche man nicht gering achten darf. Nicht nur, daß das gewohnte Essen in der gewohnten Qualität lebenslang auf dem Tisch steht, auch die Wäsche wird zuverlässig versorgt, das Zimmer ist stets aufgeräumt, und für die Sorgen des harten Berufslebens ist immer ein offenes und verständnisvolles Ohr bereit.

Wer, dessen große Liebe nicht im Unglück, sondern dummerweise vorm Standesamt geendet hat, könnte dergleichen schon von sich sagen?

So geht das Leben zunächst einmal sorglos vorüber. Der große und inzwischen auch recht stattliche Bub macht „draußen in der Welt" seine Karriere, Frauen haben ihn als gute Partie aufs Korn genommen, aber welche davon könnte schon die Mutter ersetzen, die stets liebevolle, besorgte und mit einem unerschöpflichen Vorrat an Verständnis ausgerüstete?

Nein, schon ein erster Kontakt zeigt, daß hier jeder Tausch ein schlechter Tausch wäre. Denn abgesehen davon, daß bereits Liebe und Verständnis bei Ehefrauen geringer ausgeprägt sind als bei Müttern – was wäre da alles zu tun und zu bezahlen: eine Wohnung, eine Unmenge an Möbeln, Geschirr, Elektrogeräte aller Art sowie Teppichböden, Vorhänge und Zimmerpflanzen... Nein, da kann man mit dem Geld doch weiß Gott Besseres anfangen. Beispielsweise eine schöne Kreuzfahrt im Mittelmeer, die Mutter schützend an der Seite, damit man jemanden hat, der einem den Kopf hält, wenn das Kapitänsdinner bei Seegang aus dem grünlich-weißen Gesicht fällt.

Indes: irgendwann ist diese schöne Zeit vorbei. Auch Mütter werden älter und hinfälliger, oder aber, wenn die Natur sie rüstig geschaffen hat, wollen sie irgendwann einmal ihr eigenes Leben führen.

Deshalb kann man immer wieder von weißhaarigen Damen hören, mit 50 müßten die Kinder aus dem Haus sein. Dann seien sie wirklich alt genug, um für sich selbst sorgen zu können, und „einmal muß er ja selbständig werden, denn was ist, wenn ich nicht mehr bin?"

Große Jungen hören so etwas natürlich ungern, denn sie ahnen, daß diese Selbständigkeit mit Un-

gemach verbunden ist, und das möchte man ja
vermeiden. Deshalb haben solche Leute einen
Riesen-Horror vor der 50: Nun beginnt der Ernst
des Lebens. Ein ganz und gar schrecklicher Gedanke.

Um diesen Übergang von der Lebensfreude zum
Lebensernst etwas glatter zu gestalten, und um
auch den Müttern die berechtigte Sorge ein wenig
zu nehmen, gibt es das Heim „Zum schönen Aus-
blick". Es gehört zur Organisation der SOS-
Kinderdörfer und ist speziell 50jährigen Kindern
gewidmet, die dabei sind, ihre Mutter zu verlieren,
und die hier lernen sollen, wie sie ohne sie im
Leben zurechtkommen.

Das Heim befindet sich in einer gefälligen
Landschaft, grüne Matten laden zum entspannen-
den Spaziergang ein, und adrette Damen um die
40 servieren jederzeit Kakao sowie ein herzens-
gutes Lächeln.

Wir sprachen mit dem Leiter des Hauses, einem
munteren Mann namens Peter Greiner, der mitten
im Leben steht und eine burschikose Art hat, Probleme anzupacken.

„Womit beginnt die Behandlung, und was ist das
Wichtigste?", fragten wir, den Schreibblock erwartungsvoll in der Hand.

„Nun", Greiner blickte versonnen aus dem Fenster auf einen Patienten, der mit einer der sympa-
thischen Pflegerinnen gerade Himmel und Hölle

spielte, „zunächst versuchen wir eine räumliche
Trennung zwischen Mutter und Sohn durchzuset-
zen. Der Mann schläft hier vielleicht erstmals
allein in einem Bett oder gar Zimmer. Jetzt erfährt
er, wie es ist, wenn man nicht mehr von der Mutter
in den Schlaf gesungen oder aufgeweckt wird, und
er muß damit fertig werden."

„Da helfen Sie natürlich mit Psychopharmaka
nach?"

„Gewiß. Die meisten Patienten würden ohne
eine solche Unterstützung in dieser ersten Abnabe-
lungsphase zerbrechen. Und auch so fließen noch
genug Tränen. Sie können sich das gar nicht vorstellen: Regierungsräte, Manager mit Einfluß und
Auftreten, bedeutende Lyriker – sie alle weinen
sich in den Schlaf und schluchzen nur: ‚Mutter!'"

„Das ist natürlich auch für die Mütter ein hartes
Stück Seelenarbeit, oder?"

„Und ob. Deshalb dürfen sie im Seitenbau woh-
nen. Allerdings: nach einer Woche reist jede Mutter offiziell ab. Die Patienten müssen also Abschied nehmen und mit dem Gedanken leben,
nunmehr wirklich allein zu sein. Sie können sich
diese Szenen im einzelnen gar nicht vorstellen. Es
zerreißt einem das Herz. Doch die Abreise muß
nicht real stattfinden, denn natürlich kommen viele Mütter heimlich zurück, um ihren Liebling bei
seinen tapsigen Schritten ins Leben beobachten
und ihm bei Gefahr beispringen zu können."

„Welche Gefahren meinen Sie?"

„Nun, es gibt deren viele. Der eine steht den fehlenden Gute-Nacht-Kuß nicht durch und verweigert den, den ihm die Pflegerin anbietet. Andere scheitern an dem Problem, sich selbst den Rücken zu waschen, und dann gibt es welche, die fast durchdrehen, wenn es sonntags keine Rouladen mit Salzkartoffeln, sondern beispielsweise einen griechischen Hirtenauflauf gibt. Da bricht dann eine heile Welt zusammen. Wenn hier die Medikamente nicht helfen wollen, können wir immer noch auf die Mutter zurückgreifen. Sie kann beruhigend auf ihr Kind einreden, und so mancher Hirtenauflauf wird auf diese Weise dann doch noch gegessen, wenn auch unter Tränen."

„Wie sieht Ihr Kurs so im einzelnen aus?"

„Zunächst sprechen wir über ganz einfache praktische Dinge: Wie wird Wasser heiß, wie verschwinden Löcher in den Socken, wie kommen Knöpfe an ihren alten Platz undsoweiter. Viele erfahren davon ja zum ersten Mal, und jeder ist natürlich aufgeregt und neugierig. In jedem Jungen steckt schließlich ein Abenteurer. Durch diese Therapie können wir von den seelischen Problemen ganz gut ablenken. Aber dann wird's natürlich schwieriger."

„Nämlich?"

„Wenn wir gezeigt haben, wie man die wichtigsten Schritte im Leben allein tun kann, wechseln

wir zum Thema Partnerschaft über. So sprechen
wir davon, daß man im Leben durchaus einen
Partner haben kann, bei dem es sich nicht um die
Mutter handeln muß. Allerdings gehen wir natürlich via Rollenspiel auf die Realitäten einer solchen Partnerschaft ein. Hierbei stehen uns die
Pflegerinnen, allesamt verheiratet, gern zur Verfügung. Der Mann nimmt sich z. B. ein Bier aus
dem Kühlschrank, und die Frau sagt: nein. Was
tut er nun? Widersetzt er sich, sucht er das Gespräch, ist er einsichtig, kann er verzichten, ohne
zu weinen?"

„Wie sieht zum Beispiel hier Ihr Behandlungs-
ziel aus? Soll er einsichtig sein, oder was?"

„Das ist von Typ zu Typ verschieden. Manche
fühlen sich wohl, wenn sie einsichtig sind und
nicht weiter bestraft werden. Andere lernen, wo
man Bier erfolgreich versteckt. Das gleiche gilt natürlich auch für Zigaretten. Oder für Hobbies."

„Für Hobbies?"

„Sicher doch. Mancher sammelt Streichholz-
schachteln oder Platten mit Rudi Schuricke. Die
Mutter hatte Verständnis dafür, hat den Sohn ge-
lobt und sich über Neuerwerbungen gefreut. Ein
möglicher Ehepartner ist da meist ganz anderer
Ansicht. Kein Lob, keine Freude, stattdessen Vorwürfe und Unverständnis. Da geht's dann hart auf
hart. Viele meinen, wenn sie schon auf die Mutter
verzichten müßten – von ihrer Amateurfunkerei

aber möchten sie sich auf gar keinen Fall trennen."

„Aber sie bekommen ja auch was ... die Liebe beispielsweise."

„Gewiß, wir zeigen recht ausführliche Dias zu diesem Thema. Aber wenn auch gerade diese Abende immer voll besucht sind – die meisten meinen doch, das sei zwar ganz schön, aber auf Dauer sei dadurch ein gemeinsamer Spaziergang mit der Mutter zum Friedhof, um das Grab des Vaters zu schmücken, nicht zu ersetzen."

„Interessant. Aber nun: Gibt es eine Art von Abschlußexamen und woraus besteht es?"

„Es gibt zunächst einmal ein Diplom ‚Aufs Leben vorbereitet' und so weiter und so fort, von mir unterschrieben. Das kann man später immer mal verwenden. Man bekommt es, wenn man den theoretischen und den praktischen Teil bestanden hat. Also z.B.: Wie esse ich Lauchkuchen und erwecke einerseits den Eindruck, daß er mir schmeckt, verhindere aber andererseits, daß er nochmals auf den Tisch kommt. Oder: Wie überzeuge ich eine modisch interessierte Frau von der Notwendigkeit einer Sammlung farbiger Zinnsoldaten, die Schlacht bei Austerlitz darstellend. Oder: Wie bringe ich meine Partnerin dazu, nach Mitternacht für mich und drei hungrige Freunde einen Imbiß aus Speck und Eiern zuzubereiten, ohne daß der Dialog am nächsten Tag zum Verstummen kommt. Oder: Wie argumentiere ich

überzeugend für die Emanzipation der Frau und
muß dennoch meine Koffer nicht selbst packen
... Also da finden wir immer wieder neue The-
men, an denen sich unsere Patienten die Zähne
ausbeißen dürfen."

„Zum Schluß: Sie selbst. Wie ist eigentlich Ihre
persönliche Einstellung zu diesem ganzen Pro-
blemkreis?"

„Wie ich dazu stehe? Positiv, nur positiv. Ich
finde, irgendwann muß wirklich jeder mal raus
aus der Kinderstube und hinein ins Leben. Ich
meine, wenn nicht mit 50, wann denn? Ich jedenfalls freu' mich jetzt schon drauf. Nur meine Mutter sieht das ein bißchen anders – kein Wunder,
schließlich wohnt sie hier und hat natürlich kei-
nerlei Lust auszuziehen. Schauen Sie nur mal, die
herrliche Gegend ..."

Ein Mann namens Engel

„Nennen wir's einfach Zwischenbilanz", sagte der Mann im weißen Kittel. „Jetzt, wo Sie 50 sind, meinen wir, daß Sie darauf ein gewisses Anrecht haben. Allerdings: eine Zwischenbilanz dessen, was nicht passiert ist. Darin liegt der Witz."

„Bilanz des Nichtgeschehenen?", hörte Hubert Heller sich fragen, „wie ist das denn zu verstehen?"

„Sie müssen sich das Ganze als ein großes, unendlich fein gesponnenes Netzwerk vorstellen", sagte der Mann, und die Freude des Fachmanns, der etwas erklären darf, stand ihm im Gesicht. „Was der einzelne auch tut – immer greift er in den großen Gesamtablauf ein. Mal stärker, mal weniger stark. Es ist wie bei einem Kaleidoskop: Sobald man's auch nur ein bißchen dreht, zerfällt es bereits zu einem völlig anderen Bild."

Sie standen in einem Raum ohne Fenster, schattenloses Neonlicht lag über allem.

Heller betrachtete seinen Führer – ein unter-
setzter Mann mit dünnem blonden Haar, rundem
Gesicht und seltsam großen, blaßblauen Augen.
Am Kittel das übliche Namensschild. ‚Edwin
Engel' war in das mattsilbrige Metall eingraviert
und mit dunkler Farbe ausgelegt.

„Im Grunde ist das ja auch sehr einleuchtend",
fuhr der jetzt fort, „schließlich besteht das gesam-
te Leben des Menschen aus permanenten Ent-
scheidungen. Die meisten sind natürlich von ge-
ringfügiger Natur. Zum Beispiel: Gehe ich ins
Kino oder bleibe ich zu Hause? Niemand würde
einer solchen Alternative irgendeine Bedeutung
beimessen, und doch kann auch sie große Folgen
haben. Der Film kann ein überwältigendes Erlebnis sein, an das man sein Leben lang zurückdenkt,
und dieses Leben vielleicht sogar entscheidend
mitbestimmt. Wieviele junge Leute sind schon aus
dem Kino oder Theater herausgekommen, mit
dem festen Vorsatz, Schauspieler oder Dramatiker
zu werden.

Aber Sie können auch auf dem Weg zum Kino
in einen Unfall verwickelt werden. Oder, noch
mehr: Ein anderer ist das Unfallopfer – er sieht
Sie, Sie erinnern ihn an jemand, er schaut Sie etwas länger an, übersieht ein Bremslicht, und
schon ist es passiert. Doch selbst wenn nichts dergleichen geschieht: Viele Leute sehen Sie, Ihr Anblick verändert durch die Wahrnehmung und

kurzfristige Speicherung die neurale Struktur in
soundsoviel Gehirnen –, und auch das ist in ge-
wissem Sinne eine Veränderung der Welt, wie Sie
zugegeben werden."

„Das würde bedeuten, daß wir durch unser
Leben, also durch unsere pure Existenz, ständig
Wirkungen erzielen, deren Folgen wir gar nicht er-
messen können?"

„Genauso ist es", sagte Edwin Engel, „und daraus können Sie auch wiederum folgern, daß es so
etwas wie Vorsehung gar nicht geben kann. Denn
eine Vorsehung, die das Leben des einen festlegt
und vorzeichnet, müßte darauf auch das Leben
zahlloser anderer abstimmen und natürlich auch
umgekehrt. Nein: wenn alles miteinander vernetzt
ist, kann das Leben des Menschen und letztlich
auch das Schicksal der Menschheit nur das Ergebnis eines ständigen wechselseitigen Wirkungsaus-
tauschs sein. Wie wollte man darauf regulierend
Einfluß nehmen können? Denken Sie an die
Lottokugeln: Es sind immer die gleichen, sie sind
immer gleich angeordnet, sie fallen immer auf den
gleichen Befehl in die Trommel, sie werden dort
immer mit der gleichen Methode und dem gleichen Tempo durchgequirlt, und doch werden jedesmal andere Kombinationen gezogen. Kleinste
Abweichungen haben komplett neue Ergebnisse
zur Folge. Nicht anders im Leben. Die Leute, die
immer wieder behaupten, es gäbe keine Zufälle,

und alles habe seinen vorausbestimmten Sinn, sind unheilbare Egozentriker."

„Man erwischt also nur eine von Milliarden und Abermilliarden Varianten an möglichem Leben", meinte Heller, „und dabei denkt man doch immer, jedes einzelne sei eine Art ganz persönlichen Kunstwerks – individuell und einzigartig."

„Was es ja auch ist", bestätigte Engel. „Schaut man sozusagen von rückwärts darauf, hat alles seine spezielle Logik – aus Schritt eins entwickelte sich zwei, aus zwei folgt drei undsofort. Anders, sagt man sich, hätte es gar nicht ablaufen dürfen, sonst wäre das, was ist, nicht herausgekommen. Stimmt auch, keine Frage. Nur: es mußte nicht zwingend und unbedingt so ablaufen, und es mußte auch nicht das herauskommen. Ihr Leben ist zwar identisch mit Ihnen, aber Sie sind nicht identisch mit Ihrem Leben. Es hätte auch ganz anders aussehen können."

„Klingt vernünftig", antwortete Heller, „aber es ist eine recht nutzlose Erkenntnis, denn wie mein Leben verlaufen wäre, wenn ich da und dort anders gehandelt und entschieden hätte – wie will ich das wissen? Wenn ich mich ins Auto setze und einen Unfall habe, dann kann ich mir natürlich hinterher sagen, wärst du doch zu Hause geblieben. Wäre ich aber zu Hause geblieben, könnte ich niemals wissen, daß ich mir damit einen Unfall erspart habe. Also . . . was soll's."

Engel lächelte, glücklich wie ein Vertreter, dem der Kunde das richtige Stichwort gegeben hat. „Jetzt, Herr Heller, werden Sie's erfahren. Denn genau dafür haben wir unseren Computer. Und anhand dieses Computers kann ich Ihnen sagen, was passiert wäre, wenn Sie wann was anders gemacht hätten."

Heller holte Luft. „Sie meinen, Sie können mir hier meine ... wie sagten Sie? ... Lebensvarianten vorführen?"

Engels Lächeln blieb. „Nicht alle natürlich, die Zahl wäre zu groß. Aber ein paar, nur so zum Spaß. Zwischenbilanz des Verpaßten aus Anlaß des 50sten!"

Engel gab in den Computer ein paar Befehle ein und wanderte über drei, vier Menüs zu einem Schrift-Bild, das eine Art von Formulargrafik aufwies. Er tippte jetzt Hellers Namen, fragte nach Geburtsdatum, Ort, Straße und Hausnummer, und nachdem er diese Daten vor sich hatte, schaute er Heller an wie ein Zauberer, der sich anschickt, das Kaninchen aus dem Hut zu ziehen.

Er drückte eine Taste, und das Bild wurde durch eine senkrechte Linie ersetzt, die zu beiden Seiten von Schrift und kurzen, stummeligen Abzweigungen unterbrochen war. Am oberen Ende der Linie blinkte der Cursor.

„Ich will Ihnen nur ein paar besonders charakteristische Beispiele zeigen", sagte Engel, „nur damit Sie mal sehen, was so alles drin war, in Ihrer Lebenstüte. Beginnen wir ganz oben, bei Ihrer Geburt. Und hier schon betreten wir das Reich des Zufalls: bei Ihren Eltern. Dem können wir aber hier nicht weiter nachgehen, dazu müßten wir das Programm Ihrer Eltern eingeben. Wie sie sich kennengelernt haben, was passiert wäre, wenn die erste Begegnung nicht stattgefunden hätte, und: was dann mit Ihnen gewesen wäre. Sie wären ja dann nicht der, der Sie wurden. Auch der Moment der Konzeption ist wichtig: etwas früher oder später, und schon hätte das Ergebnis anders ausgesehen – Sie wären nicht mehr Sie. Aber, wie gesagt, das kann hier nur mal angerissen werden."

Er fuhr mit dem Cursor die Linie herunter. „Die ersten Jahre", sagte er, „waren natürlich Ihrem Einfluß entzogen. Als Sie knapp vier Jahre alt waren, daran können Sie sich gewiß noch erinnern, haben Ihre Eltern die Wohnung gewechselt. Hier wird ein Umzug in einen anderen Stadtteil angezeigt. Aber wir können ja mal so tun, als wären Sie in der alten Wohnung geblieben. Mal sehen . . ." er fuhr mit dem Cursor nach rechts. Die waagerechte Abzweiglinie verlängerte sich nun, die Senkrechte wurde links aus dem Bild gerückt.

„Hier", sagte Engel, „neben Ihnen zieht eine andere Familie ein. Sie hat einen gleichaltrigen Jungen. Er ähnelt Ihnen sehr, und Sie verstehen sich sofort mit ihm. Sie bleiben auch über viele Jahre

gute Freunde ... Springen wir mal ein großes Stück weiter ... ja, hier: Er wird Staatspräsident und ernennt sie zu seinem engsten Berater. Verrückt, nicht wahr? Nur: er ist es nie geworden, wahrscheinlich weil er Sie nicht kennenlernte. Man müßte sein Programm abrufen, dann wüßte man's genauer. Sowas liegt oft an scheinbaren Kleinigkeiten, die aber zu bedeutenden Schlüsselerlebnissen werden können. Nehmen wir an, er hat bei Ihnen zu Hause ein bestimmtes Buch gefunden – ich spinne jetzt mal ein bißchen, aber ich kenne genügend solcher Fälle. Er findet also, sagen wir, Bismarcks Gedanken und Erinnerungen oder ein Werk über den ersten Weltkrieg – er interessiert sich daraufhin sofort für politische Geschichte, tritt in eine Partei ein, macht Karriere – alles ganz logisch. Aber da er Sie ja ebensowenig getroffen hat wie Sie ihn, blieb ihm dieses Amt vorenthalten. Vielleicht ist er heute nur Bademeister. So kommt eins zum anderen.

Aber gehen wir wieder zurück. In Ihrer Schule hat's Ihnen gefallen, Sie waren ein guter Schüler. Wären Sie in der alten Wohnung geblieben: die andere Schule war härter. Sie hätten viele Probleme gehabt. Sie wären sogar von zu Hause deswegen mal weggelaufen ... Das haben Ihnen Ihre Eltern also erspart, durch den Umzug. Andererseits: später hätten Sie Vorteile gehabt, wie wir gesehen haben."

Er sah Heller an, als wollte er sagen: Na, wie bin ich!

„Wo wollen wir denn jetzt mal nachsehen?" fragte er, „bei der Unzahl an imaginären Lebensfakten weiß man nie, wo man reinfassen soll. Sagen wir, bei Ihrem Beruf? Sie hatten damals zwei Angebote zur Wahl. Hätten Sie sich für das andere entschieden, so wären Sie nach einiger Zeit in die norddeutsche Niederlassung versetzt worden. Das heißt, Sie hätten sich einen völlig anderen Lebenskreis erschlossen. Geheiratet hätten Sie die Tochter eines Tabakkaufmanns. Sie hätten mit ihr eine Weltreise gemacht, aber Sie hätten sich auch eine exotische Krankheit geholt, wären lange im Krankenhaus gewesen und würden heute noch unter den Nachwirkungen leiden.

Dann hier, da waren Sie Ende zwanzig, Sie standen vor der Möglichkeit einer Amerikareise. Aber das war Ihnen etwas zu teuer. Ihre Freunde flogen allein. New York hätte Ihnen gefallen, aber dort hätten Sie vor einer weiteren Entscheidung gestanden – einer flog nach Las Vegas. Ob Sie mit ihm geflogen wären, läßt sich nicht feststellen, es ist ein sogenanntes doppeltes Wenn, wie wir hier sagen. Aber wenn Sie geflogen wären: An einem dieser einarmigen Banditen hätten Sie den Jackpot geknackt – acht Millionen Dollar! Können Sie sich das vorstellen? Und zu dieser Zeit kostete der Dollar noch vier Mark. Tut mir leid, Ihnen das sagen zu müssen ... sollen wir's weiter verfolgen ...? Nein? Na, kann ich verstehen. Aber da sehen Sie mal, was das Gefasel vom freien Willen, mit dem wir unser Leben gestalten ... also was dieses Gerede wert ist! Den Jackpot hat dadurch natürlich ein anderer gekriegt. Wenn der wüßte!"

Über 30 Millionen Mark, dachte Heller, du lieber Himmel, wie hätte dann sein Leben ausgesehen. Nein, er wollte es besser nicht wissen. Obwohl, vielleicht wäre er dann wenigstens bei einem Südseeurlaub ertrunken. Dieses Wissen könnte ihn trösten.

„Das hier ist auch schön", sagte Engel, „erinnern Sie sich noch, als Sie vor zehn Jahren dieses scheinbar so lukrative Angebot bekamen? Sie haben's nicht angenommen, und in diesem Fall hatten Sie ausgesprochenes Glück ... obwohl, ganz so kann man es wohl nicht ausdrücken, es kommt auf die Sicht an. Jedenfalls hätten Sie eine andere Frau kennengelernt ... große Liebe und so. Aber die Sache wäre nach einiger Zeit auseinandergegangen. Sie hätten sich aber dennoch scheiden lassen, wären aus der Firma ausgestiegen und hätten sich mit einem Kollegen selbständig gemacht. Doch Ihr Unternehmen wäre bankrott gegangen, Sie hätten vor einem finanziellen Nichts gestanden ..., also bis auf die Zeit mit der großen Liebe am Anfang – keine gute Sache."

„Und wie sieht die Zukunft aus, ich meine, was

müßte ich tun, um was zu erreichen", fragte Heller aufgeregt.

Engel zog die Stirn kraus. „An sich dürfen wir ja nichts davon verraten, aber manchmal machen wir auch eine Ausnahme. Also bei Ihnen würde ich sagen: Wenn Sie morgen ..."

„... und alles, alles Gute zum 50. Geburtstag!", hörte Heller plötzlich eine weibliche Stimme – er fuhr hoch: Seine Frau stand am Bett, mit Blumen und was Eingepacktem.

„Oh", er ließ sich wieder zurückfallen, „eben hätte ich's erfahren ... oh nein! Meine Chancen, am Computer, dieser Engel ..." Er sah seine Frau unglücklich an. „Wenn du wüßtest, was ich eben alles erfahren habe! Berater eines Staatspräsiden-ten war ich, 30 Millionen Mark habe ich gewon-nen, dann ist mir die große Liebe übern Weg ge-laufen und hinterher hab' ich pleite gemacht ... Haben eigentlich die Träume in der Nacht zum 50. was zu beuten?"

„Nein", sagte Helma Heller, „nur die, die man in der neuen Wohnung hat. Trotzdem, wissen kann man's nie so genau. Deshalb möcht' ich dich bit-ten: Wenn's doch passiert – könntest du die Rei-henfolge nicht einfach umdrehen? Wär' mir wirk-lich lieber."

Ente gut, alles gut!

Das Bedürfnis war nicht neu für ihn, und die einzig konsequenten Überlegungen daraus auch nicht. Herbert Hauser hatte sie schon öfter durchgespielt. Heute aber war es was anderes: So zwingend, so unausweichlich hatte sich das Thema ihm noch nie präsentiert.

Es war während der Besprechung gewesen. Er hatte seinen Organisationsplan nunmehr zum dritten Mal präsentiert, und wieder war er damit nicht durchgekommen. Jeder hatte was anderes daran auszusetzen, und selbst Bergmeier, der ihn auf dieses Konzept angesetzt hatte, wollte plötzlich nichts mehr davon wissen. Und Hoffmann hatte nur gesagt: „So nicht!"

Früher hatten ihm solche Auseinandersetzungen weniger ausgemacht. Je älter er aber wurde, um so dünner wurden seine Nerven. Er war jetzt 50 –, sollte das denn immer so weitergehen bis zu seinem 65sten? Falls er überhaupt dieses Alter er-

reichte und nicht vorzeitig aus lauter Ärger und
Lebensüberdruß das Zeitliche segnete.

Nein, sagte er sich, jetzt ist Schluß. Und zwar
total, völlig und absolut. Aussteigen, aufhören,
weggehen – irgendwohin. Warum hatte er das
nicht nur schon viel früher gemacht! Jahre, kost-
bare Jahre, hatte er dadurch verloren. Jahre, die er
in einem häßlichen Büro verbracht hatte, zwischendurch auf strapaziösen Geschäftsreisen und
unerfreulichen Konferenzen, so wie auch heute
wieder. Dazu morgens und abends das Stehen im
Stau, die Sucherei nach einem Parkplatz. Sein
Leben – vertan, vorbei!

Hauser rangierte seinen reichlich gebrauchten
Wagen aus dem verbotenen und zugestellten Parkplatz heraus und wartete auf eine Lücke im Ver-
kehrsstrom, um sich einfädeln zu können. Es war
ein Tag Ende März, ohne jeden Frühlingszauber –
den ganzen Tag über hatte es immer wieder mal
geregnet, schwer vor Nässe ließen die Bäume ihre
gerade begrünten Blätter hängen. Hauser hatte
den Eindruck, daß es ihnen ebenso ging wie ihm.

So nicht mehr, dachte er grimmig entschlossen
und bewegte sich, Teil einer unendlichen Blech-
schlange, im Nullkilometer-Tempo durch die
Innenstadt. Diesmal mache ich ernst. Diesmal gibt
es kein Halten mehr!

Da er sich mit diesem Thema schon oft beschäf-
tigt hatte, betrat er vertrauten Boden – alle Ein-

zelheiten hatte er schon häufig durchdacht. Er
würde mit Susanne reden – ernsthaft, ruhig, überzeugend. Er konnte ihr keinen Vorwurf machen.
Gut, sie war vielleicht nicht das, was er sich unter
der Frau fürs Leben vorgestellt hatte, aber gab's
das im Grunde wirklich? Alles Illusionen, dachte
er. Nein, gegen Susanne hatte er nichts vorzubrin-
gen, sie war nicht der Grund seines Aussteigens.
Aber sie würde ihn verstehen. Er hatte vorge-
sorgt. Das Haus, kürzlich abbezahlt, würde er ihr
ohne Wenn und Aber überlassen. Die Lebensver-
sicherung ebenfalls – er brauchte sie nicht mehr.
Nicht da jedenfalls, wo er hinging. Das Sparkonto
würde er mit ihr teilen. Und da sie ohnehin vor-
hatte, wieder ein bißchen in ihren alten Beruf zu-
rückzukehren, würde sie auch gerade so viel verdienen, wie sie zum Leben brauchte.

Das war wichtig. Er konnte nur guten Gewissens alle Brücken hinter sich abbrechen, wenn er
sicher sein konnte, daß er damit Susi nicht ins
Elend stieß.

Gut. In diesem Punkt also war alles in Ordnung. Jetzt mußte er sich nur noch um sich selbst
kümmern. Und was ihn anging: sein Ziel stand
fest, er hätte es förmlich von seinem inneren Auge
abmalen können: die Provence! Seit er vor sehr
vielen Jahren mal durch dieses gesegnete Stück-
chen Erde gefahren war, träumte er davon: von der
Landschaft, dem Klima, dem eigenartigen Duft

der sonnenheißen Olivenblüten. Die stehende gla-
sige Mittagshitze, Zikadenklänge, das träge Leben
auf den weltfernen Dorfstraßen, Weißbrot, Käse,
Rotwein ...

Dort würde er ein paar Monate bleiben und
dann weiterziehen – die Côte d'Azur entlang zur
italienischen Riviera, dann durch die Toscana,
über Florenz nach Rom. Mitunter hatte er auch
Venedig in Betracht gezogen, aber jetzt entschied
er sich für Rom.

Vielleicht konnte er dort den Winter verbringen
– in einem schäbigen Zimmer in Trastevere. Einsame, dunkle Wintertage in Rom! Er stellte sich
dieses Bild vor, während sein anderes, sein Ge-
brauchs-Ich, automatisch an der roten Ampel
bremste.

Er kam jetzt allmählich aus der Innenstadt heraus und auf die Landstraße. Land war natürlich
nicht viel zu sehen – alles war zugestellt von
Supermärkten, Heimwerkermärkten, Cash und
Carry-Läden, der Wald war an den Horizont verbannt. Davor ein Industriegebiet.

Wo war er gerade stehengeblieben? Richtig –
Rom. Rom im Winter. Keine Touristen, in dem
einfachen Lokal an der Ecke würde er seinen
Espresso trinken. Im Frühjahr dann würde er weiterziehen. Runter zur Stiefelspitze und von da
rüber nach Griechenland. Er würde auf einem
Frachter anheuern. Das dürfte nicht schwer sein.

Bis dahin war er schlank, braun und verwittert im Gesicht – ein überzeugendes personelles Angebot. Mit einer Pudelmütze würde er sich ein seemännisches Aussehen geben. Und als Deutscher war er sowieso willkommen – fleißig, ehrlich, intelligent. Dazu arbeits- und organisationsgewohnt. Was wollten die mehr?

In Griechenland würde er dann den Peloponnes durchqueren und dabei auch mal in Sparta vorbeischauen – dieser Wunsch steckte irgendwie in ihm seit seiner Gymnasialzeit. Ja, und dann natürlich rüber auf eine der Inseln. Dort würde er bleiben. Für immer? Nun, das würde sich finden. Jedenfalls für längere Zeit. Nach dem Jahr der Reiseabenteuer würde ihm eine Pause guttun. Er würde am Meer liegen und über sich nachdenken, über sich und sein ganzes zurückliegendes Leben. Und sonst nichts mehr. Kein Büro, keine Besprechungen, keine ewigen Meckerer mehr, die alles besser wußten, aber ihn machen ließen. Nicht mehr Ameise unter Ameisen. Aus! ‚Was haben Sie in Ihrem Leben falsch gemacht?‘, war er mal gefragt worden, und er hatte geantwortet: alles!

Jetzt war höchste Zeit, das Ruder herumzureißen, jetzt, mit 50. Endlich würde er mal was richtig machen: neuer Kurs, neues Leben, neuer Mensch!

Er war inzwischen in dem weitläufigen Wohngebiet angekommen, an dessen hinterem Ende

Susanne in dem Einfamilienreihenhaus auf ihn
wartete. Sie ahnt von nichts, dachte er, und plötzlich verließ ihn ein bißchen seine forsche Ent-
schlossenheit. Aber es mußte sein. Wann würde
er's ihr sagen? Gleich jetzt, jawohl. Diesmal würde er nicht lange planen und vorsichtige Termine
setzen. Nein, diesmal wurde die Sache sofort an-
gegangen. Heute entschieden, morgen getan. Ruck-
zuck. Er wußte, wenn man sowas erstmal hinaus-
schob, ermattete der Wille. Nein: einfach tun, ein
Fait accompli, das war das einzig Senkrechte.

Er lächelte ein bißchen vor sich hin, als er daran
dachte, was die im Büro für Augen machen würden. Morgen schon würde Susi bei Pauling, seinem Chef, anrufen und ihm sagen, daß er, Hauser, auf und davon sei. Er habe Schluß gemacht
mit allem, würde sie, noch etwas schluchzend, sagen. Weg sei er – erst nach Südfrankreich, dann
Italien und irgendwann Griechenland. Zurück
komme er nie mehr. Da kenne sie ihn – wenn er
mal was sage, dann tue er das auch. ‚Lange genug‘, könnte sie vielleicht noch anfügen, ‚hat man
bei Ihnen im Betrieb an ihm herumgenörgelt, dabei hat keiner seine Arbeit ernster genommen als
er! Jawohl, auch Sie, Herr Pauling, haben ihn immer wieder auflaufen lassen!‘ Und mit Tränen in
der Stimme würde sie auflegen.

Und er? Ja, er würde dann schon seit Stunden
unterwegs sein – Richtung neues Leben.

Er parkte unter den gerade angrünenden Zweigen der Birke – sie war gepflanzt worden, damals, als sie eingezogen waren, jetzt war es ein Riesenbaum. So lange war das schon her.

Susi begrüßte ihn in der Diele. „Schön, daß du da bist", sagte sie und küßte ihn auf die Backe. Er legte seinen Mantel ab und folgte ihr in die Küche.

„Hör zu", sagte er, „ich will's nicht auf die lange Bank schieben oder drumherumreden, aber: Ich steige aus."

„Ach", erwiderte Susi ohne große Erregung und begann, die Geschirrspülmaschine auszuräumen, „wieder mal!"

„Nicht wieder mal, sondern diesmal endgültig."

„Naja", meinte Susi, „es wurde ja auch Zeit. Oft genug davon gesprochen hast du schließlich."

„Stimmt, aber jetzt werden Nägel mit Köpfen gemacht. Mir reicht's jetzt."

„Du wirst, wie ich annehme, gleich morgen fahren."

„Ja, und ich finde es fabelhaft, daß du es so tapfer aufnimmst."

„Wie sollte ich auch nicht? Ich habe ja immer mit diesem Gedanken leben müssen. Bleibt's bei der Richtung: erst Provence, dann Italien, zum Schluß griechische Inseln?"

„Jawohl", sagte Hauser, „die Route bleibt."

„Venedig oder Rom?"

„Rom."

„Richtig, Rom im Winter", meinte Susi, Teller wegstellend, „das wolltest du ja immer. Schade ist's nur um die Ente."

„Welche Ente?"

„Naja, ich hab' für Sonntag eine Ente vorgesehen, mit Klößen. Wie du sie magst."

Hauser überlegte. „Nun gut", sagte er dann, „ich kann's ja noch auf nächste Woche verschieben. Schließlich, auf einen Tag kommt's nicht an."

„Das mein' ich doch auch", sagte Susi, „und ich finde, du wirst mit dem Alter auch einsichtiger. Früher hab ich immer tagelang mit dir darüber diskutieren müssen – jetzt bist du eigentlich viel flexibler geworden. Find' ich gut."

„Naja", sagte Hauser und strich ihr übers Haar, „deine Argumente werden ja auch immer überzeugender. Soll ich mich morgen um den Rotwein kümmern?"

Nachtigals Bericht

Die ersten Nachrichten davon kamen über den deutschen Forscher Gustav Nachtigal zu uns: Als größte Ansammlung von 50jährigen war danach weltweit das Dorf N'komaio im östlichen Afrika anzusehen. Ein Wunder der Natur, ein Geheimnis des Dschungels?

Nachtigal berichtet darüber in seinem Buch „Ich, der Urwald und mein Mountain Bike", das in den 70er Jahren des vergangenen Jahrhunderts erschienen ist und heute noch zu den Standard-Werken über das Leben der afrikanischen Ureinwohner vor der Zeit des Volkswagens gehört.

„Auf den ersten Blick", so Nachtigal in seinem Bericht, „ist N'komaio ein Dorf wie jedes andere auch. Menschen scheinbar aller Altersklassen bevölkern die Dorfstraße – Jugendliche an den Flipper-Automaten, andere beim Fußballspiel, erwachsene Männer, die am Stammtisch sitzen und über einen möglichen Beitritt zur UNO reden,

Greise, die sich die Zeit vorm Fernseher vertreiben. Dazwischen Frauen. Aber: welchen männlichen Bewohner man auch fragt (ganz kleine Kinder mal ausgenommen) – alle gestehen einem, 50 zu sein. Hier der taufrische Mittzwanziger, dort der runzlige Urgroßvater – Welten liegen zwischen ihnen, trotzdem: beide sind 50."

Natürlich reizte es einen Mann wie Nachtigal, der Forscher durch und durch war, das Geheimnis dieser Jahrgang-identischen Bewohnerschaft herauszufinden. Jeden ernsthaften Wissenschaftler würde das interessiert haben: so viel Unterschiedlichkeit in der Optik und doch eine derart totale Übereinstimmung im Alter!

Leider blieb das Geheimnis damals unenträtselt, denn Nachtigal zog sich die Schlafkrankheit zu und wurde von seinen Trägern schnarchend abtransportiert und nach Khartum gebracht.

Als er dort nach etwa zweieinhalb Monaten gut ausgeruht erwachte und von dem Dorf der 50jährigen erzählte, wollte ihm natürlich kein Mensch glauben. „Das hast du geträumt, lieber Gustl", sagten seine Freunde und Pfleger. „Die Strapazen, die ungewohnten Eindrücke, der Fliegenstich, der lange Schlaf – da bildet man sich so manches ein, das man für Wahrheit hält. Vergiß es!"

Nachtigal widersprach heftig, beteuerte und schwor bei allen Heiligen – es nützte nichts. Die

Leute lachten, klopften ihm auf die Schulter und wünschten gute Besserung.

Dennoch: er ließ sich nicht davon abbringen, vielmehr schilderte er dieses Erlebnis, wir sprachen eingangs davon, mit aller Ausführlichkeit in seinem bekannten Buch. Dort stand es all die Jahre seither, beschäftigte oder belustigte die Leser, aber das war's dann auch.

Bewegung kam in diese Geschichte erst wieder, als vor einiger Zeit eine 50jährige Boeing über N'komaio in ihre sämtlichen Einzelteile zerfiel und notlanden mußte.

Der Besatzung erging es wie Nachtigal vor vielen Jahrzehnten: Sie staunte nicht schlecht, als sie erfahren mußte, daß die männliche Einwohnerschaft vorwiegend aus 50jährigen bestand. Doch im Gegensatz zu Nachtigal wurde sie nicht schlafkrank bzw. der Mückenstich kam nicht zur Wirkung, weil der Bordwecker im Cockpit noch intakt war (er ging allerdings verkehrtherum, was auf einer der typischen falschen Verkabelungen beruhte) – Captain und Stewardessen wurden also immer wieder rechtzeitig aus dem Schlaf ins Leben zurückgeklingelt.

Auf diese Weise hatten sie genügend freie Zeit, und diese vertrieben sie sich damit, hinter das seltsame Alters-Geheimnis der N'komaianer zu kommen. Was trieb die Leute dazu, schon in jungen Jahren 50 zu sein und vor allem: Wie schafften sie es – Problem aller Probleme –, 50 zu bleiben?

Das Dunkel lichtete sich anläßlich eines munteren Dorffestes, in dessen Verlauf der Dattelwein in Strömen floß, und an dessen Ende ein schrumpliger Greis mit mehreren jugendlichen Dorfschönen in seiner Hütte verschwand.

„Feiert ihr heute das Fest zu Ehren des großen Fluß- und Regengottes?" fragte der Captain, herzhaft in seine Erdferkel-Bratwurst beißend, einen jüngeren Eingeborenen, der aber 50 war, „oder worum geht es bei diesem Oktoberfest für die dunkelbraune Landbevölkerung?"

Der andere lachte. „Nichts von alledem", antwortete er in seinem tadellosen Oxford-Englisch, „er da feiert nur seinen 50sten Geburtstag." Und dabei wies er auf den bereits erwähnten Greis, der gerade dabei war, mit seinem vorwiegend zahnlosen Mund die letztjährige Miß N'komaio auf die nackte Schulter zu küssen.

„Also für 50 sieht er wirklich ein bißchen alt aus", sagte der Captain vorsichtig, um keine gezielte Neugierde zu signalisieren.

Sein Gesprächspartner nahm einen kräftigen Schluck vergorene Giraffenstutenmilch. „Nun ja", sagte er, „es ist auch nicht sein erster 50er Geburtstag, sondern, um ehrlich zu sein, es ist sein 43ster 50er Geburtstag."

„Ach, er ist also 93?" fragte der Captain etwas verstört. „Moment – nein 92!"

„Nein – er ist zum 43. Mal 50. Das ist was anderes. Sagen Sie bloß keinem, er sei 92. Da würde er
Ihnen ganz schön aufs Dach steigen."

Der Captain, spürend, daß er dem Geheimnis
nunmehr dicht auf den Fersen war, hakte nach.
„Wieso diese seltsame Sitte des Zählens?"

Der andere, leicht beschwipst, hatte seine red-
selige Phase. „Na ja", meinte er und ließ noch mal
nachschenken, „früher war das hier so wie bei
euch: Keiner wollte 50 werden. 50 – um Gotteswil-
len, alles nur das nicht! So dachte auch hier jeder.
Um diese Altersgrenze nun etwas komfortabler zu
gestalten, kam ein weiser Mann – er stand, nebenbei, kurz vor seinem 50sten – auf die Idee, sie
durch einen einzigen genialen Trick zu versüßen:
Er ließ den Flußgott einfach anordnen, daß jedem
50jährigen die Jungfrauen des Dorfes zur Verfügung stehen mußten. Kapiert? Jeder, der 50
wurde, hatte die Pflicht und somit das Recht, jede,
die ihm gefiel, in die Liebe einzuweihen. Perfekt,
nicht wahr? Plötzlich hatte kein Mann mehr
Angst vor seinem 50sten. Im Gegenteil, jeder
brannte darauf und konnte es kaum erwarten. Die
Krux lag lediglich darin: Manchem dauerte es zu
lange. Klar, bis 50 ist's weit, wenn man gerade 18
ist. Aber auch das ließ sich regeln. Denn da gab es
natürlich bestechliche Medizinmänner, die für ein
paar entsprechende Geschenke – einen Sony-
Receiver oder einen 20 Jahre alten Buick – das

Alter entsprechend nach oben frisierten. Kaum volljährig, konnte man auf diese Weise bereits alle Vorteile eines 50jährigen genießen. Wie man sich auch umgekehrt als 51jähriger jederzeit wieder zum 50jährigen machen lassen konnte. Sozusagen: 50 auf Lebenszeit. Auf diese Weise besteht die männliche Einwohnerschaft von N'komaio fast ausschließlich aus 50jährigen. Euer Nachtigal hatte also recht, auch wenn ihm keiner glauben wollte."

Der Captain nahm noch einen nachdenklichen Schluck, dann schaute er seinen Gesprächspartner an, legte ihm den Arm auf die Schulter und sagte: „Also jetzt paß mal auf, ich habe da eine Idee . . ."

Die Idee, die er hatte und auch aussprach, ist inzwischen vielen bestens bekannt. Der Captain ließ alle Einzelteile seiner havarierten Boeing einsammeln und baute daraus vier leistungsfähige, einmotorige Kleintransporter für je 30 Passagiere. Mit dieser Luftflotte, die als NAL (N'komaio Air-Lines) bekannt wurde, startete er ein Touristik-Unternehmen, das sich schnell großer Beliebtheit erfreute. Der Witz: Im Pauschalpreis waren nicht nur Reise, Zimmer, Verpflegung sowie Gutscheine für die kulturellen Veranstaltungen enthalten, sondern auch das Recht, sich für die Zeit des Aufenthaltes im Paß zum Ehrenfünfziger machen zu lassen, was einen ungestörten Zugriff auf die jugendlichen Jungfrauen bedeutete.

Kein Wunder also, daß das Unternehmen blühte und jährlich mehr und mehr echte und falsche Fünfziger nach N'komaio transportierte. Doch wie immer, wenn man übertreibt: Die 50jährigen nahmen zu, die Jungfrauen ab. Nach kurzer Zeit schon mußte man aus den umliegenden Orten welche einfliegen lassen, und als auch das nicht mehr genügte, ließen sich Frauen aller Art und jeden Alters von dubiosen Schlepperorganisationen heranschaufeln und zu 15jährigen Jungfrauen erklären. Vor allem natürlich viele 30- und 40jährige. Wer aber die 30jährigen Jungfrauen aus der Gegend von N'komaio kennt, mag sich die 40jährigen schon gar nicht mehr vorstellen. Die Urlauber machten also große Augen, als sie des jubelnden Empfangskomitees der älteren Damen ansichtig wurden, und diese Augen weiteten sich zusätzlich vor Schreck, als ihnen der Reiseleiter versicherte, dies seien die 15jährigen Jungfrauen. Der Schrecken aber steigerte sich zur ausgemachten Panik, als sie erfuhren, daß es sich bei dem von ihnen bislang gern beanspruchten Recht nicht um ein Recht, sondern um eine Pflicht handelte.

Die Folgen sind ebenso einleuchtend wie bekannt: Schlagartig verebbte der Touristenstrom, schlagartig aber verzichteten auch die Eingeborenen darauf, 50 zu werden, 50 zu sein und 50 zu bleiben. Den Medizinmännern war dies natürlich egal, denn ob sie daran verdienten, einen 50 wer-

den zu lassen oder daran, eben dieses zu verhindern, – das machte in ihrer Kasse keinen großen Unterschied – sie erhöhten lediglich den Preis.

Und so kommt es, daß man heute in N'komaio unter den männlichen Bewohnern von 1 bis 49 sowie von 51 bis 102 jedes Alter antrifft, nur keine 50jährigen. Hingegen wimmelt es von 15jährigen Jungfrauen aller Altersklassen. Nachtigal würde sich wundern, wenn er heute noch mal da vorbeikäme. Doch wie damals schon: Keiner würde ihm glauben!

Blick
in den Cholesterin-Spiegel

„Du solltest dich jetzt endlich mal ernsthaft um deine Gesundheit kümmern", sagte Lisa Leimer zu Lutz, ihrem Ehemann, und warf einen Blick voller Mißbilligung erst auf seinen Teller, dann auf seine Figur.

Schuldbewußt schlug Lutz Leimer die Augen nieder. „Jaja", sagte er, das rosige Eisbein betrachtend, „aber wir alle haben so unsere Laster. Und mein Gott, das bißchen Essen kann doch nicht so schlimm sein."

„Ein bißchen nicht", nahm Lisa das vorschnelle Wort auf, „aber von einem Bißchen ist ja bei dir keine Rede. Und vor allem: was du so alles ißt. Alles. Mit Ausnahme von allem Gesunden. Salat zum Beispiel habe ich in den letzten Jahren keinen auf deinen Tellern gefunden. Wo das hinführt, kann man sich an fünf Fingern ausrechnen."

Lutz Leimer war diese Vorwürfe gewohnt. Ja, er konnte sich eigentlich gar nicht mehr daran erin-

nern, wann er sie jemals nicht gehört hatte. Das
war sicher eine schöne Zeit gewesen. Natürlich, er
wußte, daß Lisa mit jedem einzelnen Wort recht
hatte – seine Lebensweise mußte pfeilgerade in
den Infarkt führen, in welchen auch immer. Denn
er bevorzugte mit einer an Selbstzerstörung gren-
zenden Akkuratesse exakt das, was in jedem Ge-
sundheitsbuch auf den Index verbannt wurde.
Fleisch zum Beispiel, und zwar in fettreicher Aus-
führung. Auch sämige Soßen zu Kartoffel- oder
Nudelbergen, Currywurst am Stand in der König-
straße, warme Leberkäsbrötchen am Vormittag
und Kotelett mit Kartoffelsalat zur Mittagszeit.
Oft auch legte er noch vor Mitternacht, im Banne
des späten Krimis, eine kalte Bulette auf den
Mount Ungesund, den er während des Tages in
sich aufgestapelt hatte, und das Ganze über-
schwemmte er gern mit schäumendem Bier aus
großen Gläsern.

Kein Wunder, daß Lisa Leimer diesen Speise-
plan mit aufgebrachtem Ekel registrierte. Aber
ihre Möglichkeiten zum Eingreifen blieben be-
schränkt. Lutz Leimer nämlich pflegte seine Mahl-
zeiten selbst einzukaufen, und er hielt sich auch –
weiterer dicker Minuspunkt – nur selten an die
festen Zeiten, an denen ordentliche Menschen ihre
Mahlzeit einzunehmen pflegten.

Bei diesen Einkäufen gehorchte er spontan den
Äußerungen seiner Lust und seines Verlangens, zu

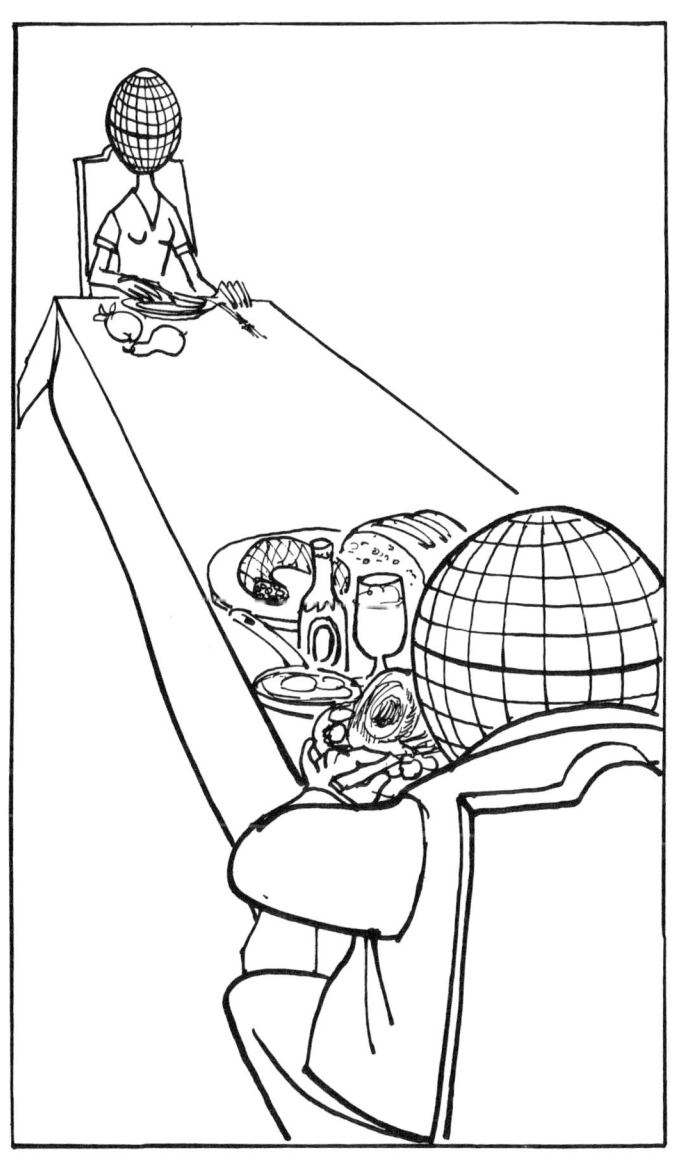

keiner Sekunde bereit, das einzusetzen, was Lisa
mit den Worten Vernunft und Selbstdisziplin zu
bezeichnen pflegte. Beides, so ihre häufig geäußer-
te Meinung, ging ihm ab. Wohin das mit der Zeit
führen würde, so ihre ständige Rede, werde man
schon noch sehen.

Lutz Leimers Eß- und Trinkgewohnheiten mußten seine Frau schon deshalb besonders aufbrin-
gen, weil diese selbst seit Jahren auf der Seite der
anständigen Esser zu finden war. Dreikornbrot,
gemischte Salate, Brocken von Tofu sowie schwach
perlendes Mineralwasser und trübe Trinkmolke
dominierten auf ihrem Speisezettel und standen in
hartem, vorwurfsvollem Kontrast zu Lutz Leimers
Mettbrötchen und Grillhähnchen.

Mit anderen Worten: Zwei Welten saßen sich am
Leimerschen Tisch gegenüber, wie sie verschiede-
ner kaum denkbar waren.

Diese Unterschiedlichkeit erstreckte sich bis in
die Persönlichkeit der beiden Esser selbst. Lisa
Leimer verachtete die Menus ihres Ehemanns
nicht nur aus gesundheitlichen Gründen sowie aus
moralischer Verantwortung dem Tier und der
Dritten Welt gegenüber, sondern sie war auch vom
Schicksal dergestalt bevorzugt, daß sie ihre Bio-
Kost der oben geschilderten Art mit Genuß ver-
zehren konnte. Gewissen und Geschmacksnerven
kamen bei ihr gleichermaßen auf ihre Kosten. Sie
zählte somit zu jener beneidenswerten Minderheit,

bei der das, was sie will, und das, was man darf, absolut identisch ist.

Hier wiederum fühlte sich Lutz Leimer ungerecht behandelt und seine Frau in unerhörter Weise bevorzugt – wem gesundes Essen auch noch schmeckt, der hatte seiner Meinung nach kein Recht, auf die anderen herabzusehen und sie zu verurteilen. Wenigstens Selbstüberwindung sollte vorliegen, sonst ist jede Überlegenheit nicht erarbeitet, sondern ein purer Glücksfall.

Lutz Leimer hingegen wußte, daß er Falsches tat, wußte, daß er gegen seinen Körper, besonders aber gegen dessen Blutbahnen sündigte, und frönte deshalb seiner Lust mit dem Gefühl eines Menschen, der weiß, daß jeder Bissen ein Schlag gegen Vernunft, Moral und Lebenserwartung ist.

Müssen wir noch hinzufügen, daß Lutz dicklich und Lisa rank war, daß Lisa die Natur liebte und gern ausgedehnte Spaziergänge in ihr unternahm, an denen sich Lutz schon deshalb nicht beteiligen konnte, weil jedesmal das Fernsehprogramm eine interessantere Alternative bot?

Genug. Der weitere Lebensweg von Lutz und Lisa Leimer schien jedenfalls ebenso programmiert wie ihrer beider Lebenserwartung. Beide hätten extrem überzeichnete Prototypen für 'falsch' und 'richtig' sein können, wie man sie in den didaktischen Artikeln der Krankenkassen-Zeitschriften regelmäßig finden kann.

Nun ist der Gute natürlich immer dabei, den Schlimmen zu bekehren. Er mag dessen Untergang nicht tatenlos beiwohnen, er kann sich auch nicht vorstellen, daß die Argumente der Vernunft in einen erwachsenen Kopf keinen Eingang finden, und schon gar nicht kann er sich vorstellen, daß Eisbein mit Bier besser schmecken soll als Tofu mit Molke.

Auch Lisa Leimer wollte das sinkende Schiff retten. „Wenn du mit deiner Lebensweise nicht unverzüglich Schluß machst", pflegte sie in letzter Zeit immer nachdrücklicher und immer häufiger zu sagen, „sehe ich schwarz um deine Zukunft. Vor allem jetzt, wo du 50 geworden bist, solltest du das nicht mehr auf die leichte Schulter nehmen. Geh mal zum Arzt. Wirst schon sehen, was der sagt!"

Lutz Leimer, so unintelligent er beim Essen auch war, verfügte dennoch über ausreichend viel Gehirn, um sich vorstellen zu können, was der Arzt erstens sehen und zweitens sagen würde. Es war so leicht zu erraten wie ein Preisrätsel in einer Dosensuppen-Anzeige. Aber er wußte auch: Ohne ärztliches Verdikt würde er das Steuer nicht herumreißen können. So einsichtig kann ein einzelner Mensch gar nicht sein, um aus eigener Kraft heraus den Vollkornweg der Lisa Leimer zu gehen.

Eines schönen Tages – Leimer hatte gerade ausführlich gegessen und fand im Anschluß daran

eine Diät gar nicht mehr so undurchführbar –
machte er einen Termin fest. Vielleicht, dachte er,
bin ich doch so gesund, wie ich mich fühle. Und
mit einem solchen Persilschein in der Hand würde
er endlich Lisas Vorhaltungen nicht mehr beach-
ten müssen.

Dies war erwartungsgemäß ein Trugschluß. Sich
nur gesund fühlen, so erfuhr er, hat gar nichts zu
besagen. Vielmehr schaute sich der Arzt die Leimerschen Werte und dann den Produzenten dieser
Werte an und fragte nach dessen Lebensstil.

„Sie essen wahrscheinlich... nein, lassen sie
mich raten: gern fett, ja? Auch gern viel? Sehr
schön. Süßes sicher auch..., dacht' ich's mir doch.
Bierchen zwischendurch? Aha. Sport....? Nicht so
sehr? Naja, wer bewegt sich auch noch, seit die
Fernsteuerung fürs Fernsehen erfunden wurde...
Das les' ich alles aus Ihrem Cholesterinspiegel her-
aus... Ja, er ist recht hoch, Sie vermuten richtig.
Sagen wir so: Ihr Blut steht unmittelbar vor der
Streichfähigkeit. Ich würde sagen: Lebensalter 50,
Lebenserwartung: 50 einhalb – wenn Sie so wei-
termachen. Also tun wir mal folgendes...."

Und er drückte Lutz Leimer einen detaillierten
Diätplan in die fleischige Hand und bat ihn, vier
Wochen später wieder zu erscheinen.

Lisa Leimer hatte es gleich gewußt, und „jetzt
werden wir aber mal konsequent dagegen an-
gehen!"

Im Gefühl ihres Sieges war Lisa so unvorsichtig, ebenfalls den Arzt aufzusuchen – nur um bestätigt zu bekommen, komplett intakt zu sein und mit dieser Bescheinigung vor den Augen ihres Mannes herumwedeln zu können. Doch der Arzt, der nichts von Lisas Bio-Lebenswandel wußte, kam zu einem ganz anderen Ergebnis.

„Ihr Cholesterinspiegel ist ziemlich hoch", befand er, „Sie müssen Diät halten."

Lisa stand kurz vor einem Nervenzusammenbruch. Sie zählte ihre Speisekarte auf, berichtete von ihrem fleischlosen Leben... „Vielleicht mal ein Stück Sahnetorte zwischendurch?" machte der Arzt ein Angebot, und als Lisa, die auch noch Ehrlichkeit zu ihren Tugenden zählte, eine Sekunde nachdachte, fuhr er fort: „Na bitte, da haben wir's doch schon...". „Aber nein...", wollte sie noch fortfahren, doch der Arzt hatte ihr bereits einen Diätplan überreicht und ihr mit den Worten „vielleicht ist's auch erblich!" die Tür aufgehalten.

...„Du hast hoch gepokert", sagte Lutz zu ihr, als sie, noch immer zerschmettert, den Diät-Plan las, der sich ihren bisherigen Eßgewohnheiten gegenüber ausnahm wie die Speisefolge an Neros Tafel, „hoch gepokert und leider verloren. Schau mich an: Ich werde ab sofort all das essen, was du bisher gegessen hast. Und in vier Wochen bin ich schlank, gesund und werde ein Blut haben, klar und fettfrei wie ein Bergquell. Du aber – was

willst du tun? Du hast dich durch deine unver-
nünftig gesunde Lebensweise jeder Steigerungs-
fähigkeit beraubt. Ich habe manchmal bei mir gedacht: Was wird sie machen, wenn sie mal Diät
halten muß? Tja", fügte er an, während er lebens-
lustig in ein Joggingbrötchen mit Magerquark biß,
„es ist nun mal so: Wir müssen ungesund leben,
sonst haben wir, wenn wir mal krank sind, einfach
keine Abstinenz-Reserven, um gesund zu werden."

Lisa Leimer sah nur noch einen Ausweg: den
Heilpraktiker.

Die Hölle
vom Mont St. Roubaix

Vor gut zwei Stunden sind wir in Villefranche ge-
startet. Ein angenehm kühler Wind hatte das Tal
der Gazette durchweht und uns den Schweiß von
der Stirn geblasen. Noch ist das Feld relativ dicht
beisammen, wenn auch Delorme, Gonzales und
der Flame van Ackeren allmählich darangehen,
sich von der Spitze zu lösen. Sollen sie. Ich bleibe
zäh im vorderen Drittel, das ist meine Taktik. Sich
nicht zu sehr in den Vordergrund drängen, um die
Konkurrenz nicht aufmerksam zu machen, sich
andererseits aber nicht so zurückfallen zu lassen,
daß man dann vielleicht den Anschluß nicht mehr
kriegt.

Immerhin, die anderen sind gewarnt. In der 17.
Etappe habe ich mir das Gelbe Trikot geholt, als
ich den Spanier auf den letzten Metern noch ab-
fangen konnte. Das war ein Signal gewesen. Doch
ich pokere darauf, daß man es für einen glück-
lichen Zufall hält. Zwei Favoriten waren gestürzt,

und Gonzales war eigentlich mehr von mir überrumpelt worden. Also jetzt: klein machen und dann aus dem Hinterhalt heraus blitzschnell zustoßen.

Die Strecke heute ist jedenfalls voller Tücken. Erst die Kilometer in der Ebene, dann die langsame Steigung, schließlich die engen Serpentinen zum Mont St. Roubaix hinauf. Hier wird erstmals eine gnadenlose Auslese stattfinden. Wer sich bisher halbwegs durchmogeln konnte, wird jetzt unbarmherzig auf den Prüfstand gestellt. Scharfe, beeindruckende Sprints sind nicht mehr gefragt – heute geht's voll zur Sache.

Später Vormittag. Längst haben wir den kühlenden Wind der Gazette hinter uns gelassen, die Sonne steigt. Hitze flimmert über dem Panorama des Haut-Viennebas. Doch keiner von uns nimmt die Gegend wahr. Unsere Blicke kleben am Asphalt, das Glitzern der Speichen und das Anthrazitgrau des sich immerfort drehenden Reifens sind die einzigen Eindrücke, die das Auge sieht. Mechanisch treten wir in die Pedale – Teile der Rennmaschine, verwachsen mit Metall, Gummi und Asphalt.

Schweiß tropft mir in die Augen. Ich schüttle ihn ab und blicke kurz hoch. Van Ackeren hat sich jetzt abgesetzt, er will wohl einen genügend großen Vorsprung herausholen, ehe die Steigung anfängt. Nicht schlecht gedacht, aber diese Taktik kann ins Auge gehen. Er greift jetzt schon Reser-

ven an, auf die er nachher dringend angewiesen
sein wird. Und er kämpft allein, während wir anderen uns vom Feld mitziehen lassen. Das wird
dann meine Chance sein. Ein grimmiges Lächeln
spielt um meinen Mund. Giganten der Landstraße. Ja, das sind wir. Giganten des Willens, eines Willens, der stärker ist,
stärker sein muß als die flehenden Schreie unserer
Muskeln und Sehnen und lauter als das Keuchen
unserer Lungen, das Pfeifen unseres Atems und
der rasende Schlag unseres Herzens. Es wird auch
heute wieder Momente geben, wo es allein dieser
Wille ist, der uns weiterträgt, der uns voranpeitscht
und der noch das Letzte aus uns herausholt, nichts
anderes zurücklassend als ausgelaugte, von
Schmerzen betäubte und von Erschöpfung ver-
nichtete Körper – zerknüllte, zerstörte Instrumente
eines wahnwitzigen Selbstanspruchs.

Das Gehirn ist ausgeschaltet, mehr noch: es
denkt sich weg, es hat mit uns, jetzt und hier,
nichts mehr zu tun. Es verflüchtigt sich halluzina-
torisch an die Gestade vergangener Stunden. Ein
murmelnder Bach, ein blau-seidiger Sommerhim-
mel mit kleinen, weißen Wolken, Blütenzweige in
langstieliger Vase, Kerstins girrendes Lachen...
Champagner... wann war es, war es überhaupt,
sind es nur Visionen eines überhitzten Gehirns,
Bilder, aus Endorphinen geboren...?

Weiter... Hinter Gauders beginnt die Steigung.

Ganz sanft, unmerklich. Das ist das Tückische. Man ist nicht darauf eingestellt, man fährt mit gleichem Einsatz, aber das Tempo verlangsamt sich. Soll man schalten und dadurch an Bequemlichkeit gewinnen, aber an Leistung verlieren?

Wir stellen uns jetzt in die Pedale, wir wissen, der Kampf hat angefangen, endgültig. Von nun an gibt es kein Dahinträumen mehr. Jeder will siegen. Und jeder hat zwei Gegner: sich selbst und den Rest des Feldes. Ich schiebe mich an zwei anderen vorbei. Ich weiß, es ist riskant, aber ich muß es wagen, ich muß mich selbst unter Druck setzen. An Müller vorbei, an Bertoli... Jetzt noch Marc Huinterradt aus Luxemburg, der Belgier Tippex und dann bin ich an Gonzales dran.

Er schaut sich um, kommt aus dem Rhythmus, und das genügt mir – vorbei. Vorbei auch an Delorme, dem jetzt doch das Tempo zu schaffen macht. Er hat sich überschätzt, hat sich zuviel zugetraut, der Fahrer aus dem Burgund, Liebling der Massen und Hätschelkind des Erfolgs. Ein sympathischer Junge, gewiß, aber zu harmlos für diese Tour der Tränen, eine Beute der Wölfe letztlich. Ich sehe für einen Sekundenbruchteil die Angst in seinen Augen. Angst, die ihn lähmt, die verhindert, daß er dieses letzte Quentchen Dynamit aus sich herauspreßt, ohne das man hier verloren ist. Und jetzt kann ich zum Angriff ansetzen – zum Angriff auf van Ackeren.

Der Flame, dieses vor Energie fast berstende Kraftpaket, hat seinen Vorsprung nicht ausbauen können. Zu früh, das wird jetzt erbarmungslos aufgedeckt, hat er sich abgesetzt. Der Berg hält die Hand auf und fordert seinen Tribut. Ich kann mich förmlich in ihn hineinversetzen, ich spüre, wie die Explosivität seiner Muskeln nachläßt, wie die Substanz des Willens ausgehöhlt wird, wie die Dynamik aus jeder Faser gesogen wird.

Van Ackerens Kopf wischt zur Seite. Er sieht mich, und er weiß alles. Weiß, daß er verloren hat, weiß, daß das Spiel für ihn zu Ende ist, daß er nichts mehr zuzusetzen hat. Während mir, in der Sicherheit meines Sieges, fast noch ein paar Flügel extra wachsen.

Ich stehe im Rad, ich zerfetze die Kilometer zur Spitze, fühle, wie der Berg nachgibt ... noch drei Serpentinen, dann stürze ich mich über die berühmten Bousignac-Schleifen ins Tal ... – Der Sieg.

Schweißnaß steige ich von meinem Hometrainer. Nicht schlecht, lobe ich mich selbst. Aber, wie Barbara sagte, ab 50 muß man was tun. Und ich tu was. Natürlich muß man sich's ein bißchen spannend machen – nur im Hobbyraum Pedale treten, das hält ja kein Mensch länger als fünf Minuten aus.

Morgen setze ich mich übrigens mal wieder ans Rudergerät – die Regatta auf dem Plöner See ist längst wieder fällig. Adam-Achter, sieh dich vor!

Klingspors Verwandlung

Irgendwie ist dieser Klingspor in der letzten Zeit anders geworden, dachte Paulus Patzke. Wenn ich nur wüßte, wie und warum! Direkt vorwerfen kann ich ihm nichts, sinnierte er weiter, er erledigt seine Arbeit sauber und ordentlich wie bisher auch – nur: seine Art hat sich geändert. Irgendwie liegt neuerdings etwas Herausforderndes in seinem Verhalten. Er ist natürlich nicht gerade frech, dachte er, oder gar aufmüpfig, aber doch ... Richtig! fiel es ihm ein: das Hündische ist aus seinen Augen verschwunden.

Nicht, daß Karl-Heinz Klingspor früher übertrieben kriecherisch gewesen wäre, er war auch kein ausgesprochener Stiefellecker – nur zweimal, erinnerte sich Patzke, hatte er ihn etwas unwirsch aufheben müssen, als er sich vor ihm niedergeworfen hatte und gerade dabei war, mit seiner, Klingspors, Zunge über Patzkes handgearbeitete Maßschuhe zu fahren. Im Grunde also gar kein übler

Kerl, direkt umgänglich. Aber eben doch seit kurzem irgendwie anders...

Paulus Patzke, unumschränkter Alleinherrscher über die Paulus Patzke KG, Marktführer in leicht geschwungenen Stuhlbeinen, lehnte sich nachdenklich in seinem Bürosessel aus der Zeit Knolls XIV. zurück. Seit kurzem, rekapitulierte er, kam er beispielsweise schon ins Zimmer, wenn man das erstemal „herein!" gerufen hatte, statt wie früher vorsichtshalber noch mal anzuklopfen. Und wenn er ging, drehte er sich einfach um und ging zur Tür. Nicht, wie früher, rückwärts und mit ein paar leicht angedeuteten 9o Grad-Verbeugungen.

Patzke blickt auf das vor ihm liegende Papier. Es war ein mehrseitiger Bericht über das Haus Patzke und dessen Perspektiven auf dem gesamteuropäischen Markt, den Klingspor wie immer sorgfältig und umsichtig verfaßt hatte. Bis auf eine Stelle, die Patzke nun gar nicht gefiel. Völliger Unsinn! Da würde er sich diesen Klingspor mal gehörig zur Brust nehmen. Wäre doch gelacht, wenn man den nicht wieder gerade, nämlich schön krumm, biegen könnte. Und wenn er sich diesmal niederwarf und sich an Patzkes Schuhen zu schaffen machte, würde er ihn nicht wieder aufheben. Sollte er ruhig mal für eine Weile merken, daß ein anderer Wind blies!

Patzke drückte an seiner umfänglichen Kommunikations-Anlage auf den Knopf, unter den der

Name Klingspor geklebt war, und genoß das Wissen um den unangenehmen Schnarrton, der nun an Klingspors Ohr drang und diesen zweifellos bis ins Innerste zusammenfahren ließ.

Dieser Ton war bewußt gestalteter Teil von Patzkes Konzept der speziellen Seelenmassage. Wer ihn hörte, spürte ihn bis in die Peristaltik hinein. Und auf wessen Schreibtisch er ertönte - falls dieses Wort hier überhaupt angebracht war -, den versetzte er in genau die Stimmung, wie sie Patzke bei seinen Angestellten liebte, wenn er sie zu sich bestellte.

Wenige Augenblicke später klopfte es, Patzke äußerte ein möglichst mürrisches „Herein!" und wieder ohne ein zweites Mal zu klopfen, betrat Klingspor den Raum.

Er grüßte mit einem unverschämt freien Lächeln und trat aufrecht vor den Schreibtisch.

Patzke macht eine Bewegung, die man nur deshalb als Aufforderung zum Hinsetzen interpretieren mußte, weil es keine andere vernünftige Auslegung gab, und Klingspor setzte sich auch sofort.

Patzkes Laune verdüsterte sich noch um ein paar zusätzliche Grade. „Hier", sagte er, „Ihr Bericht. Da steckt ein verdammt himmelschreiender Fehler drin. Seite fünf, von oben..." Und er las mit betont haßerfüllter Stimme den ganzen Absatz. „Das ist doch kompletter Blödsinn. Was haben Sie sich dabei nur gedacht!!"

Klingspor lächelte unbeeindruckt – fast noch um einen Zacken höflicher. „Ich bin ganz Ihrer Ansicht, Herr Patzke", sagte er, „aber das hatten Sie selbst so gewünscht."

Patzke kämpfte mit Sauerstoffmangel. Jetzt widersprach dieser Kerl auch noch! Er stemmte sich leicht aus seinem Sessel. „Ich soll das so angeordnet haben!?", dröhnte er los, „diesen Unsinn! Ja, was denken Sie denn von mir. Wofür halten Sie mich!"

„Das ist jetzt sicher nicht unser Thema", antwortete Klingspor voll aufrichtiger Freundlichkeit, „wir sollten es deshalb im Augenblick mal hintanstellen. Hier", er förderte mit einem Griff aus seinen Unterlagen ein Papier zum Vorschein, das er vor Patzke auf den Tisch legte, „hier sind Ihre wörtlichen Anweisungen. Bitte lesen Sie selbst."

Patzkes zornfunkelnde Augen bohrten sich in das beschriebene Blatt, und er brauchte ein paar Sekunden, um dessen Inhalt zu erfassen. Aber dann ... richtig, hier stand es schwarz auf weiß, von ihm diktiert und unterzeichnet.

„Aber wie Sie es da formuliert haben", schnaubte Patzke, „steht es nicht hier."

Klingspor nickte. „Stimmt, ich habe es abgeschwächt, so gut es ging. Aber wie es scheint, ist es mir doch nicht so ganz gelungen."

„Und ob es Ihnen nicht gelungen ist", fuhr Patzke auf, „in keiner Weise ist es Ihnen gelungen.

Darum geht es ja. Das ist ja der Grund, weshalb ich so außer mir bin."

„Naja", Klingspors Worte kamen freundlich, aber zögernd, und Patzke spürte im Innersten, daß dieser Mensch nur zögerte, um ihn nicht allzu rüde bloßzustellen, „naja, ich wollte natürlich das Ganze nicht so abschwächen, daß Ihre Intentionen völlig untergegangen wären. Das hätten Sie mir doch sicher übelgenommen. Denn Sie hatten sich ja dabei ganz gewiß etwas gedacht." Und wie entschuldigend fügte er hinzu: „Davon bin ich jedenfalls ausgegangen."

Patzke schlug mit der Faust auf den Tisch. „Selbstverständlich habe ich mir dabei etwas gedacht. Meinen Sie, ich verteile Anweisungen, ohne zu denken! Was erlauben Sie sich überhaupt!"

Klingspor Blick war erschreckend offen. „Darauf würde ich noch nicht einmal im Traum kommen", meinte er mit unbewegter Stimme. „Und ich habe ja hier auch alles andere getan, als etwa das Gegenteil zu behaupten. Mir erschien Ihre Anweisung ebenso bemerkenswert wie verbindlich. Aber ich war, leider, anderer Ansicht. Da Sie verreist waren, hatte ich auch keine Gelegenheit, Sie noch mal zu fragen. Also habe ich Ihren Wunsch in den Bericht einerseits aufgenommen, andererseits aber etwas reduziert. So haben wir nach beiden Seiten Möglichkeiten offen – wir können ihn verstärken, wenn Sie Wert darauf legen, was Sie aber, wie ich

nun vermute, nicht wollen, wir können ihn aber
auch noch weiter abglätten."

Vor Patzkes Augen drehten sich bunte Kreise.
Was war hier los, verdammt! Dieser Mensch, dieser Klingspor, entwickelte sich zu einem reinen Lenin. Nicht nur, daß er überhaupt widersprach –
eine Untat, deren er sich früher niemals erdreistet
hatte –-, er wollte wohl sogar recht haben, was die
Sache noch um einiges verschlimmerte. Und nicht
nur das: er, Patzke, wurde auch dabei so hingestellt, als sei das Ganze seine Schuld. Und zwar,
und dabei näherte sich jetzt sein Blutdruck der
200-Grenze, auf Grund von Dusseligkeit.

Das Unerhörteste aber – falls eine solche weitere Steigerung überhaupt noch möglich war – bestand darin, daß er, Patzke, drauf und dran war,
ihm hierbei zuzustimmen. Er mußte ihm zustimmen, es gab, wie es schien, gar keine andere Möglichkeit mehr. Alle Löcher waren zu.

Er starrte Klingspor an, seine Augen zeigten
Ansätze von Blutdurst, und er überlegte sich nunmehr, was in diesen Menschen gefahren war.

Klingspors Blick war unverändert von penetrant
aufmerksamer Freundlichkeit. „Nun, Herr Patzke,
wie haben Sie sich entschieden? Möchten Sie tatsächlich, daß wir auch Autositze mit dem bekannten geschwungenen Patzke-Bein ausrüsten? Ich
meine: es könnte natürlich eine gewisse Originalität ausstrahlen. Ob man mal mit VW spricht..."

Alles hat seine Grenze, auch Patzkes Toleranz. „Wie ich mich entschieden habe", donnerte er, „das will ich Ihnen sagen: Ich bin gerade dabei, mich dafür zu entscheiden, Sie zu feuern, und vielleicht sogar auf der Stelle! Na, wie gefällt Ihnen diese Entscheidung?! Und bilden Sie sich ja nicht ein, Sie könnten mich umstimmen, indem Sie wieder niederfallen und meine Stiefel... also, denken Sie das bloß nicht!"

Klingspor war aufgestanden und hatte seine Papiere genommen. Er lächelte immer noch. „Ich gedenke nichts dergleichen zu tun. Sie sind im Augenblick ein bißchen aufgeregt, vergessen wir das also. Ich bin nämlich am 1. April zehn Jahre bei Ihnen gewesen, und am 15. April, also vor zwei Wochen, wurde ich 50. Sie erinnern sich? Sie waren noch so nett gewesen, auf einen Schluck herüberzukommen. 50, verstehen Sie? Ich bin also absolut unkündbar – ich dürfte sogar goldene Löffel stehlen. Aber das beabsichtige ich natürlich in keiner Weise zu tun. Sie könnten mir natürlich", sagte er, als er bereits in der Tür stand, „eine entsprechende Abfindung zahlen. Darüber wäre zu verhandeln. Aber warum sollten Sie das? Im Grunde sind Sie doch mit mir zufrieden, oder?"

Er drehte sich um und sprach durch die bereits geöffnete Vorzimmertür: „Fräulein Felsenstein, würden Sie mal kommen? Ich glaube, Herrn Patzke geht es nicht gut..."

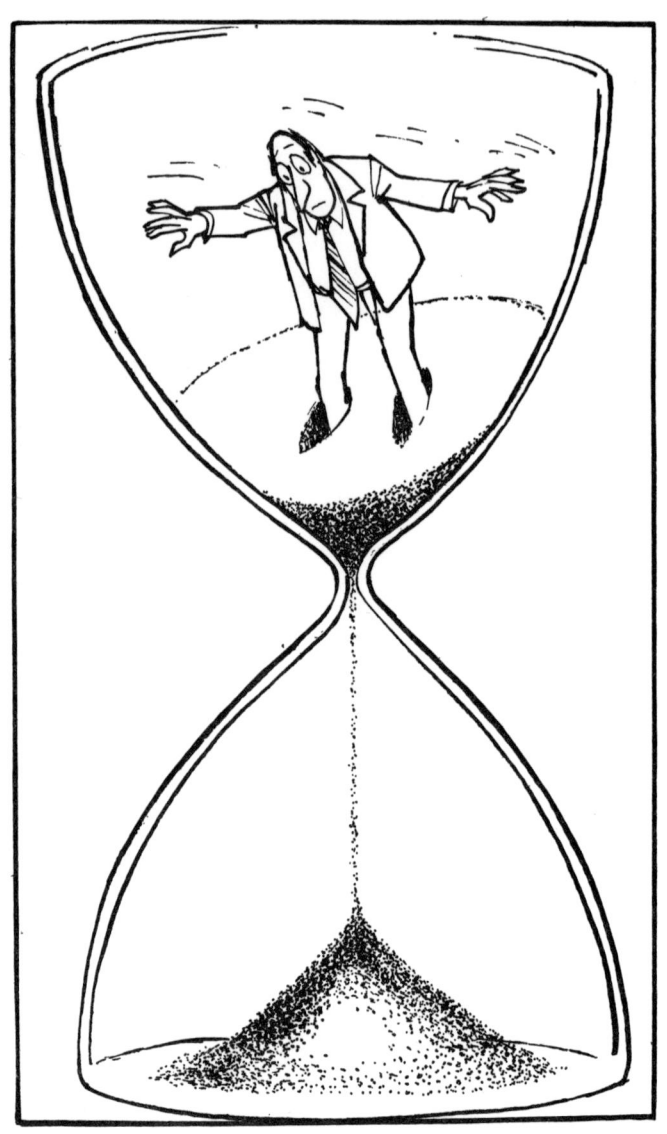

Die Gesellschaft vom Zigarettenautomaten

Es war ein lauer Spätsommerabend. Die Dunkelheit war schon hereingebrochen, aber von Kühle keine Spur. Am Himmel blitzten die Sterne. Harry Holzer schloß die Tür des Staketenzauns hinter sich und ging die Leipziger Straße hinunter. Ein bißchen Wind fächelte mit den Blättern der Birke, die Straßenlampen verbreiteten milchiges Licht.

Eigentlich sollte er ja nicht mehr rauchen. Der Arzt hatte ihm erst kürzlich wieder davon abgeraten, und Hilde war ohnehin schon immer dagegen gewesen. Einsichtsvoll wie er war, hatte er seinen Zigaretten-Verbrauch stark eingeschränkt, aber es gab immer wieder Tage und Augenblicke, wo er sich seinen Nikotinschuß setzen mußte.

So auch heute. Der Tag war wenig erfreulich gewesen. Überhaupt hatte sich in letzter Zeit so ziemlich alles gegen ihn verschworen. Drei wichtige Aufträge hatten sich nicht realisiert, und heute hatte ihm zu allem Unglück auch noch ein wichtiger Kunde mitgeteilt, man wolle es mal mit einem anderen Lieferanten versuchen. Das Unglück, so empfand es Holzer, zog sich zusammen. Wie sollte er die laufenden Kosten im Griff behalten, wenn seine Einkünfte immer spärlicher flossen?

Man darf den Mut nicht verlieren und schlappmachen, dachte Holzer, es kommen gewiß auch wieder bessere Zeiten. Aber er spürte, daß er sich das nur einredete. Er mußte verdammt viel Glück haben, um noch mal bessere Zeiten zu erleben, und wie sollte er die Zeit bis dahin durchstehen? Immerhin, er war jetzt 50, und in diesem Alter hat man gefälligst nicht mehr aufs Glück angewiesen zu sein. Da hat man sein Schäfchen bitteschön im trockenen zu haben. Holzers Schäfchen dagegen stand noch pitschnaß im Freien, und er selbst, so empfand er, stand ebenso naß daneben.

Die Zeit war schuld, dachte Holzer, sie war einfach zu schnell vergangen. Eben war er noch Mitte dreißig gewesen, mit recht guten Aussichten; das Glück schien durchaus geneigt, aber er hatte nicht konsequent genug zugepackt, hatte es einfach so ein bißchen schleifen lassen. 'Laß sich das alles erst mal schön verdichten', hatte er gedacht, 'dann ist immer noch Zeit.'

Doch statt sich zu verdichten, hatten die Chancen sich verflüchtigt. Und eines Morgens war er aufgewacht und war 50 gewesen. Kein Zweifel - er hatte versagt. Wenn nicht aus Dummheit, dann aus Faulheit, und wenn nicht aus Faulheit, dann aus Leichtsinn.

Die Sache war alles andere als spaßig. Wenn er nicht in allernächster Zeit mindestens drei große Aufträge hereinholte, war es zappenduster. Drei große Aufträge! Und dabei war es schon schwer genug, auch nur einen einzigen zu bekommen.

Nein, heute mußte er eine rauchen. Heute mußte er sich auf sein Schicksal konzentrieren, und da blieb keine Kapazität mehr für das Ringen mit dem Lustverzicht. Und weil er den angeblichen Trick aller Möchtegern-Abstinenzler praktizierte und vorsichtshalber keine Zigaretten zu Hause hatte, mußte er jetzt also losgehen und welche holen. Aber wenigstens war der nächste Automat nicht weit: ein paar Straßen weiter unten, zweihundert Meter vielleicht. Da kam er auch gleich mal an die Luft.

Losgehen, dachte er, weglaufen von allem, einfach nicht mehr wiederkommen. Verschwinden. Das wäre doch die Lösung. Nicht gerade ehrenhaft und ordentlich, aber ganz wirksam. Wenn einen die Probleme von sich aus nicht in Ruhe lassen wollten, dann müßte man ihnen halt aus dem Weg gehen.

Es war schön, so durch den Abend zu schlendern – Stille ringsumher, und traulicher Lampenschein in den Häusern suggerierte tiefen Frieden.

Ach, das müßte man auch mal wieder haben, dachte Holzer sehnsuchtsvoll, mal nicht mehr diese Sorgen und Probleme. Den Abendfrieden unbeschwert genießen können, ohne diese ständige Angst vorm nächsten Tag und vor der nächsten Rechnung.

Hoppla, beinahe wäre er an dem Automaten vorbeigelaufen, denn der war fast verdeckt von herunterhängendem Gezweig. Matt schimmerten in der Dunkelheit die eloxierten Metallteile. Holzer suchte etwas mühsam seine Markstücke, dann nahm er die Münzen und drückte sie durch den Schlitz. Ja, dachte er noch, während das zweite Geldstück schon hinunterfiel, einfach so verschwinden, verschwinden wie diese Markstücke. Das wäre die Lösung.

Er zog das Gefach..., und in dem Moment, als er die Packung herausnahm, schien der Wind stärker zu werden, ein sanftes Rauschen erhob sich, ein kurzer, eiskalter Hauch streifte ihn, dann verwandelte sich die Umgebung wie bei einer raffinierten Filmüberblendung, bei der sich eine neue Szenerie aus einer sehr ähnlichen anderen langsam, fast unmerklich herausschält: Die Lichter in den Häusern erloschen, aus der Mauer mit dem Automaten war plötzlich eine Ligusterhecke geworden, alles schien dunkler als zuvor, und auch die Straße selbst war jetzt plötzlich auf seltsame Weise anders.

Holzer stand eine ganze Weile, ohne zu begreifen. Seine Augen suchten die dunkle Straße ab, und dabei entdeckte er ein Stück weiter vorn einen Lichtfleck zwischen Büschen. Auch Stimmen konnte er hören. Erst jetzt merkte er, daß er tatsächlich eine Zigarettenpackung in der Hand hielt. Gott sei Dank, wenigstens etwas! Situationen wie diese sind ohne Zigarette nicht denkbar. Er riß das Päckchen auf, steckte sich eine an und ging langsam auf das Licht zu.

Es war eine Gartenwirtschaft. 'Zum anderen Stern' stand in blauer Neonschrift über der Haustür, davor befanden sich ein paar Tische, von denen einer besetzt war. Fünf oder sechs Männer saßen im Schein einer Lampe da und redeten. Holzer ging durch die Eingangslücke zwischen den Büschen auf sie zu. Sie bemerkten ihn und sahen ihm entgegen. Als er näher kam und sie besser erkennen konnte, sah er, daß sie lachten.

„Na", sagte einer, „auch da? Etwas seltsam, nicht wahr. Das ist uns allen so gegangen. Komm, setz dich!"

Holzer nahm vom Nebentisch einen Stuhl – es war einer von den alten Gartenstühlen aus Holzleisten und mit Eisengestell, das man zusammenklappen konnte – und zog ihn über den knirschenden Kies.

„Bring ihm ein Bier", sagte der Mann zu dem Kellner mit grüner Schürze, der am Tisch erschienen war, und zu Holzer: „Du trinkst doch einen mit auf den Schreck hin, ja?" Holzer nickte. Er setzte sich und betrachtete die Männer. „Guck uns nur gut an", sagte der Mann, „wir haben uns alle abgemeldet: Paul, Leo, Hans, Rudi, ich. Vier Mark in den Kasten und – huiii, weg von der bösen Welt."

„Jetzt mal ehrlich und ernsthaft", sagte Holzer, „was hat das alles zu bedeuten. Wo bin ich, was soll das... danke." Der Kellner hatte das Bier gebracht und Holzer machte sich drüber her.

Der andere beugte sich über den Tisch zu ihm. „Noch nie was von Männern gehört, die nur mal zum Zigarettenautomaten gehen und nicht mehr wiederkommen? Die einfach verschwinden? Nun, hier siehst du ein paar. Und du gehörst jetzt auch dazu."

„Du meinst, die lösen sich alle sozusagen in Luft auf und kommen hierher?", fragte Holzer verblüfft.

„Hierher oder auch woandershin. Das ist ja nicht der einzige Zigarettenautomat, bei dem das funktioniert. Überall stehen und hängen die rum. Und wenn man Glück hat, gerät man an einen davon. Dann muß man nur das Wort 'verschwinden' denken, während man sein Geld reinschmeißt, und schon wird der Wunsch erfüllt."

Holzer konnte es nicht fassen. „Ja, aber wo sind wir hier, welche Straße, welche Stadt..."

„Frag lieber: welche Dimension", sagte der Mann neben ihm, der Rudi hieß, „aber erwarte keine verbindliche Antwort. Irgendeines der vielen Zwischenreiche, aus denen die Welt besteht. Jedenfalls, und das ist das wichtigste: Hier bist du alle Sorgen los. Kein Finanzamt erreicht dich hier, keine geschiedenen Ehefrauen machen dir die Hölle heiß, Geld brauchst du auch keines... aber das wirst du alles noch lernen. Zeit dazu hast du hier, soviel du willst. Freu' dich schon mal drauf! Prost und herzlich willkommen!" Und er hob sein Glas, und alle anderen taten das gleiche.

Holzer saß sprachlos. Also gab es das wirklich, schwarze Löcher in der Realität, durch die man hindurchschlüpfte, verwunschene Welten, für die man nur das Zauberwort finden mußte. Er hatte sich's gewünscht – und es war ihm passiert.

„Aber – entschuldigt, wenn ich das frage –: was machen die Daheimgebliebenen, ich meine: Ehefrauen und so...".

„Die denken, du bist verschwunden, was ja auch stimmt. Melden es der Polizei und warten. Manchmal mit Erfolg. Denn man kann wieder zurück. Man kann ihnen aber auch Nachricht zukommen lassen."

„Und wie macht man das", fragte Holzer. „Mit einer Art Briefträger aus dem Jenseits, oder wie?"

Rudi lachte. „Viel einfacher. Du gehst einfach zu ihr und sprichst mit ihr. Nur: was für dich Realität ist, ist für sie Traum. 'Heut nacht ist mir mein Mann erschienen', sagt sie dann, 'und so plastisch, als würd' er neben meinem Bett stehen. Und er hat mir gesagt, daß er mich noch liebt, aber daß er es einfach hier nicht mehr ausgehalten hat. Und dann hat er noch gesagt, ich hätte einen schönen Sonnenhut auf... Was er damit nur gemeint hat?'" Rudi lachte. „Man soll immer etwas Albernes dazu sagen, damit es richtig wie im Traum klingt."

„Und wie kommt man zu ihr, was müßte ich da tun?"

„Ganz einfach. Du gehst durchs Lokal und vorn raus. Dann bist du in der Bergheimer Straße, die kennst du doch. Und von da gehst du einfach heim. Und kommst auch wieder so zurück. Von vorn heißt das Lokal 'Zum Stern', dann gehst du durch die Tür neben dem Hinterausgang – und dann bist du wieder hier: im 'Zum anderen Stern'."

„Und wenn ich nun ganz zurück will, also in echt?"

Rudi deutete auf einen Zigarettenautomaten neben der Tür. „Dann ziehst du dir hier die gleiche Marke – bei 'ner anderen wirkt's nicht – und stehst wieder vor deinem Automaten von vorhin. Ganz einfach. Aber ich würd's mir an deiner Stelle zweimal überlegen. Denn was erwartet dich dort schon? Ärger, Probleme, Geldsorgen und zum Schluß das Altersheim. Und was sie dort mit dir machen, das kannst du ja in jeder Zeitung nachle-

sen. Also, uns hier kriegen keine zehn Pferde mehr
zurück."

Holzer blickte versonnen in die Dunkelheit hinter der schwachen Gartenlampe. An sich klang das
nicht schlecht. Mehr noch: genau das hatte er sich
eben noch gewünscht. Er wäre alles los. Keine Sorgen mehr – gerade in seiner aktuellen Situation
erschien ihm das wie ein Geschenk des Himmels
(und so was ähnliches war es ja wohl auch!).
50 Jahre in der anderen Welt, das dürfte doch eigentlich genug sein. Bedarf, das stellte er bei sich
fest, hatte er zumindest keinen mehr. Dafür hier
nette Kumpels, Bier ohne zu zahlen, und eine
Welt, die vermutlich jeden Tag mit neuen Überra-
schungen aufwartete. Perfekt.

Und doch: was würde die arme Hilde tun, wenn
er nicht wiederkam? So oft sie sich auch in die
Haare gerieten, jetzt kam sie ihm plötzlich arm
und hilflos vor. Vor allem, weil sie so gar keine
Ahnung hatte. Sie mußte annehmen, daß ihm was
passiert war. Oder daß er sich charakterlos davon-
gemacht hatte. Beides war nicht gut. Die Lebens-
versicherung würde jedenfalls keinen Pfennig her-
ausrücken. Wovon sollte sie leben, wovon das
Haus abbezahlen? Da nützte auch die ganze origi-
nelle Traum-Erscheinung nichts. Sie wußte ja
nicht, daß er es wirklich war, der mit ihr sprach.
Und auch wenn sie's wüßte, so würde ihr dieses
Wissen nicht viel helfen.

Es war perfide. Jetzt hatte er die Chance, alles hinter sich zu lassen, alle Probleme für immer zu verabschieden, und nun – plagte ihn sein guter Kern! Jahrzehnte stumpfsinniger bürgerlicher Pflichtauffassung hinterlassen nun mal Spuren, sagte er sich. Tief eingefräste Verhaltensrillen, aus denen man nicht mehr herauskonnte. Nun, da er alle Chancen hatte, endgültig aus seinem Leben zu verschwinden, wurde ihm das schlagartig klar. Der Klebstoff der Moral war bei ihm erschreckend intakt.

Dieses verdammte, schicksalsergebene Verantwortungsbewußtsein!, dachte er fluchend vor sich hin, es verweigert einem wirklich jede Möglichkeit. Eisenkette des Gewissens, mit der man an den Kaukasus der Welt geschmiedet war! Mist, verdammter! Nein, es hatte keinen Sinn – so schön sich die ganze Sache auch anhörte, es ging nicht. Er mußte wieder zurück.

„Da oben wartet ein Zimmer auf dich", sagte Paul und nickte mit dem Kopf in Richtung der oberen Stockwerke, die im nächtlichen Dunkel lagen.

Holzer trank langsam sein Glas aus. „Tut mir leid, Jungs", sagte er, „ihr haltet mich vermutlich für übergeschnappt, und mit hoher Wahrscheinlichkeit habt ihr sogar recht, aber ich kann leider keinen Gebrauch machen von den Annehmlichkeiten des Zwischenreichs. Schade. Wär' bestimmt schön gewesen, aber es geht nicht. Ich bring's einfach nicht fertig."

Er stand auf. Alle streckten ihm die Hand hin. Rudi war auch aufgestanden. „Ich versteh' dich", sagte er, „bei mir ist das auch noch nicht ganz abgehakt." Er gab ihm einen Zettel und Bleistift. „Hier, schreib dir wenigstens auf, daß du am Automaten an 'Verschwinden' denken mußt. Falls du dir's überlegst... Schön. Also dann mach's gut und viel Glück... drüben."

Holzer ging über den Kies zum Zigarettenautomaten. Er zog seine Marke... ein leichter Luftzug fuhr über ihn hin...

Holzer stand am Zigarettenautomaten. Er hatte die Packung in der Hand und drückte das Gefach wieder zurück. Dann machte er sich auf den Heimweg. Als er die Schachtel in die Tasche steckte, fühlten seine Hände einen Zettel. Er zog ihn heraus. Es war ein Zettel von einem Wirtshausblock. Zum Stern, Bergheimer Straße 27 war aufgedruckt. Und dann, eindeutig in seiner Handschrift: Verschwinden denken!!!

Komisch, dachte Holzer, wo der herkommt? Da war ich doch nie. Und was soll das nur heißen... verschwinden denken? Und er knüllte den Zettel zusammen und warf ihn weg. Verschwinden – tja, das wär' schön. Nur: wohin?

Als er die Wohnung betrat, blickte Hilde vom Sessel hoch. „Du warst ganz schön lange weg für so'n kurzen Weg", sagte sie. „Aha", sie schnupperte zu ihm hoch, „und was getrunken haben wir auch. Bist also doch noch mal wo gewesen, vermutlich in der Kneipe da vorn. Im Stern, oder wie die heißt." Holzer schüttelte den Kopf. „Ehrlich, ich war nirgends", sagte er verwirrt, und das entsprach 100prozentig seiner Überzeugung.

...Deshalb, Männer: Wenn ihr mal einen Zettel vom Stern oder auch einem anderen Lokal in der Tasche findet, den ihr euch nicht erklären könnt, und mit seltsamen Worten drauf – nicht so ohne weiteres wegwerfen! Und ihr, Frauen, wenn euer Mann mal heimkommt und nach Bier riecht und sich das nicht erklären kann – nicht gleich schimpfen. Auch wenn's verrückt klingt: Kann sein, daß er's wirklich nicht mehr weiß. Seid vielmehr dankbar, daß ihr ihn wiederhabt. Andere Frauen können davon nur noch träumen!

Der kleine Bruder

Ich hatte Werner Wollmann schon eine Ewigkeit nicht mehr gesehen. Man verliert sich ja so leicht aus den Augen. Das letzte Mal, glaub' ich, hatten wir uns getroffen, als er alles hinschmeißen und nach Neuseeland auswandern wollte.

„Demnächst werd' ich 50", hatte er gesagt, „und was hab' ich dann noch groß zu erwarten? Mit 50 ist man doch so gut wie tot, die Jüngeren lachen über einen, und das Ordnungsamt fragt an, wann man seinen Führerschein zurückgeben möchte. Sag selbst – das Beste ist, man verschwindet aus der Zivilisation. Wie alt bist du eigentlich?"

„Seit drei Jahren so gut wie tot", antwortete ich.

Ich schob das Ganze auf die äußeren Umstände: Es war nach Mitternacht, und wir hatten beide einige Gläser geleert. Außerdem hatte man zwei Tage zuvor seinen Wagen wegen extremen Falschparkens abgeschleppt. Jede Menge Gründe also für Melancholie.

Und danach war Funkstille gewesen. Daß er mich nicht zu seinem 50sten eingeladen hatte, konnte ich verstehen. Es war sowieso sein fester Entschluß gewesen, ab 50 keinen Geburtstag mehr zur Kenntnis zu nehmen. Von feiern ganz zu schweigen.

Nun also sah ich ihn wieder. Er ging auf dem gegenüberliegenden Trottoir und schob einen Kinderwagen. Na sowas!

Sofort lenkte ich meine Schritte über die Straße, direkt auf ihn zu. Er winkte mir entgegen.

„Hallo!" rief er schon per Distanz, „darf ich dir meinen kleinen Bruder vorstellen?" Ein paar Passanten drehten sich zu ihm hin und machten interessierte Gesichter.

Wir schüttelten uns die Hand. „Na wie geht's denn?", fragte ich, „nichts geworden mit Neuseeland? Und was redest du da von wegen kleinem Bruder?"

Ich schaute in den Wagen. Richtig, da lag ein winziges Kind drin und schlug mit seinen kleinen Fäusten um sich.

„Ja", sagte er und wippte ein bißchen mit dem Wagen, „du wirst's nicht glauben - das ist mein kleiner Bruder. Knappes halbes Jahr alt."

„Erzähl mir doch keine Opern", sagte ich, „deine Eltern müssen doch mindestens 70 sein, wenn nicht noch mehr. Wie wollen die ein derart kleines Kind kriegen."

„Ich bin Halbwaise", sagte Wollmann reserviert,
„mein Vater ist seit Jahren Witwer, allerdings, und
da hast du recht, er ist über 70. Aber was will das
schon heißen. Er hat noch mal geheiratet, eine von
Ende dreißig. Frauen in diesem Alter können ja jederzeit noch Kinder kriegen, und für uns Männer
gibt's bekanntlich in punkto Zeugungsfähigkeit
sowieso keine Grenze nach oben. Tja, und das ist
also das Ergebnis."

„Donnerwetter", ich guckte noch mal den
Wageninhalt an – es war ein Kind wie alle anderen
auch. Keiner wäre auf die Idee gekommen, daß es
Eltern in dieser abenteuerlichen Zusammenset-
zung hatte. „Wie ist das denn alles passiert?"

„Wie's halt so passiert. Mein alter Herr war mal
wieder den Winter über auf Mallorca – kann er
sich ja leisten bei seiner Pension. Der kriegt mehr
als wir beide, du und ich, zusammen! Naja, und
in Mallorca sind zu dieser Zeit eben nicht nur
Rentner, das sagen die nur immer, damit man's
rührend findet. Von wegen, da laufen auch ledige
und geschiedene Frauen im durchaus annehmba-
ren Alter herum, verstehst du? Haben eine stolze
Abfindung gekriegt oder eine gute Apanage, und
damit kann man sich jederzeit im Winter einen
fröhlichen Lenz machen. Dabei guckt man mal so
rum, ob man brauchbare Pensionäre findet, die
man vielleicht mal irgendwann beerben kann, nun
ja... so passiert das."

„Aber du wirst mir doch nicht erzählen wollen, daß deine neue Mutter eine Erbschleicherin und Mitgiftjägerin ist... überhaupt: deine neue Mutter, wie das klingt."

Er nickte. „In der Tat: wie das klingt. Seit Jahren habe ich verlernt, Mutter zu sagen, d.h. ich hab' ja immer Mama gesagt, und nun plötzlich... Sag mal Mama zu einer Frau, die du kaum kennst, und die außerdem über zehn Jahre jünger ist als du! Ich sag' halt Josefine, wenn sich eine Anrede nicht vermeiden läßt. Aber ansehnlich ist sie, das muß ihr der Neid lassen."

Ich versuchte, mir die Konsequenzen dieses frisch aufgepfropften Familienzweigs vorzustellen. „Du hast also jetzt eine Mutter, auf die du altersmäßig weit herabblicken kannst", sagte ich, „sowie einen Bruder, genauer gesagt: Halbbruder, der sogar 50 Jahre jünger ist als du. Einen 50 Jahre jüngeren Bruder, also das kriegt man ja schon fast nicht zusammen. Wie wirst du denn damit fertig?"

„Naja, es ist natürlich alles ein bißchen verwirrend. Meine erwachsenen Kinder haben jetzt einen kleinen Onkel, und meines Vaters Sohn ist wesentlich jünger als meines Vaters Enkel. Auch meine Frau, also seine Schwiegertochter, ist deutlich älter als seine Frau."

„Das klingt ja fast wie in Denksportwitzen – er ist sein eigener Großvater, aber auch mein Onkel

und zugleich die Mutter seiner Nichten, wer ist
das. Oder so ähnlich. Und wie versteht ihr euch
untereinander?"

„An sich ganz gut. Meine Frau ist ganz verrückt
mit dem Baby – Frauen sind das ja seltsamerweise
immer –, sie findet es von meinem alten Herrn
eine tolle Leistung und eine mutige Tat (ich frag'
mich, was da mutig sein soll), und mit Josefine
tauscht sie mütterliche Erfahrungen aus. Obwohl
die ja auf diesem Gebiet auch nicht gerade ein
Newcomer ist – irgendwo hat sie 'ne verheiratete
Tochter von 20."

„Dann hast du ja auch noch eine Schwester.
Mann – auf einen Schlag junge Mutter, kleinen
Bruder und 20jährige Schwester, warum erfährt
man das so nebenbei? Das gehört doch in die Zeitung unter 'Verrücktes aus aller Welt'!"

„Nana, ich muß doch bitten", Wollmann schaute mich mißbilligend an, „es mag ungewöhnlich
sein", sagte er etwas steif, „aber verrückt..., also an
sich ist die Sache doch im Grunde ganz logisch.
Was die Verwandtschaft angeht, meine ich".

„Aber tauchen da jetzt nicht auch juristische
Probleme auf? Ich meine, bisher warst du Einzel-
kind. Habt ihr nicht ein Haus, Vermögen ist wohl
auch da – das geht ja jetzt nicht mehr nur an
dich. Hast du das auch schon mal überlegt?"

„Aber sicher. Allerdings hat auch Josefine um-
fängliches Besitztum. Irgendwie fällt von da ein

Teil an mich, und von unserem Vermögen bleibt auch was, und wir kriegen wohl Wohnrecht, also Nießbrauch, oder wie das heißt –, also unterm Strich scheint es aufzugehen. Aber du hast recht: Die Juristen verdienen gut an meiner neuen Familie, falls es mal hart auf hart geht. Aber so ist das nun mal – Tel Aviv, wie der Franzose sagt. Tja, du entschuldigst, aber ich muß weiter. Der kriegt ja alle zwei Stunden seine Flasche... mach's gut."

Wie heißt er eigentlich? wollte ich noch fragen, aber Wollmann war schon auf und davon...

Wie's der Zufall so will: wenige Tage später traf ich Waltraut Wollmann, Werners rundliche Ehefrau. Wir hatten uns ebenfalls schon eine Ewigkeit nicht mehr gesehen und begrüßten uns aufs herzlichste.

Ich hatte mir in den Tagen dazwischen die ganze neue Familiengeschichte der Wollmanns durch den Kopf gehen lassen, und es waren mir noch eine Menge Fragen eingefallen, die ich unbedingt loswerden mußte. Sofort steuerte ich darauf zu.

„Also sag mal", begann ich, „ich habe ja kürzlich Werner getroffen, vielleicht hat er's erwähnt, und zwar mit seinem kleinen Bruder. Das ist ja 'n Ding! Sag mir doch bitte mal, wie haben das denn eure anderen Verwandten aufgenommen, also deine Heilbronner..."

„Ach Gott", unterbrach mich Waltraut, „hat er dir also auch diese Story vom kleinen Bruder er-

zählt! Dieser Mann macht mich noch wahnsinnig.
Kein Wort stimmt, glaub mir. Es ist ganz schlicht
und einfach sein Enkel, das Kind von Robert, un-
serem Ältesten. Werners Eltern leben beide noch
quietschvergnügt in Herford. Die Vorstellung, sein
Vater könnte eine junge Frau heiraten und ein
Kind kriegen, ist derart absurd... also da gibt es
gar keine Worte für."
   Ich war sprachlos. „Aber wozu dann diese ganze
Geschichte, und auch so detailliert..."
   „Weil er um alles in der Welt verhindern möchte,
daß man ihn für einen Opa hält, ganz einfach.
Opa sein, diese Vorstellung ist für ihn noch unver-
daulicher als seine 50 Jahre. Das verzeiht er seinem Sohn nie. Naja, und nun erzählt er jedem,
der's hören und nicht hören will, die Geschichte
von der neuen Mutter. Am liebsten würde er's im
Radio durchgeben lassen. Und jedesmal baut er
die Sache weiter aus. Hatte er bei dir schon eine
20jährige Halbschwester?... Siehst du. Neuerdings
studiert die Medizin in Tübingen! Ich sag dir: rein-
ster Wahnwitz."
   „Warum läßt er sich dann mit dem Kinderwagen
blicken?"
   „Weil er hin- und hergerissen ist. Natürlich mag
er den Kleinen. Und seine Mutter, also die Frau
von Robert, ist ja so 'ne Grünangestrichene. Die
will das Kind immer sitzend vor der Brust rum-
tragen. Werner ist nun der Meinung, und da muß

ich ihm sogar rechtgeben, daß das so einem kleinen Rückgrat gar nicht gut bekommt. Liegen ist da bestimmt besser. Also schiebt er immer, wenn er kann, den Kinderwagen – aber nur, wie er sagt, um zu verhindern, daß das Kind vielleicht verkrüppelt wird. Andererseits aber möchte er nicht damit gesehen werden, weil jeder gleich das Naheliegende und auch Richtige denkt: Aha, ein Opa! Also erzählt er aller Welt, es wäre sein kleiner Bruder. Und das klingt so aberwitzig, daß es jeder glaubt, vor allem weil Werner die Geschichte so wasserdicht ausgepolstert hat. Aber daß er sie sogar dir unterjubeln will, das ist doch ein starkes Stück. Ich frag' mich nur, was seine Eltern sagen, wenn sie davon erfahren...“

Ich habe über die ganze Sache natürlich inzwischen immer wieder nachgrübeln müssen – irgendwie kann ich Werner verstehen. Opa... das ist wirklich ein haariger Status. Jedenfalls mit 50. Ich frag' mich, was ich tun soll, wenn's mal bei mir soweit ist? Wollmanns Weg jedenfalls bleibt mir versperrt. Alle Welt weiß, daß ich Vollwaise bin. Aber vielleicht könnte ich mir kurzfristig 'ne Schwester zulegen – Onkel ist immerhin besser als Opa.

Anonyme 50er

Seit die Männer wunschgemäß sensibel und verletzbar geworden sind und auch das Recht haben, bei alten Heimatfilmen, weggeschnappten Parkplätzen sowie beim Anhören von Weihnachtsliedern mit den Wiener Sängerknaben in Tränen auszubrechen, ist ihr seelischer Widerstand natürlich auch bei anderen Anlässen nicht mehr der allerbeste.

Haben sie beispielsweise früher der 50 relativ gelassen ins Auge geblickt, mehr noch: sich an die Brust mit Weste und Uhrkette geklopft, so, als hätten sie damit eine besondere Tat vollbracht und ab sofort Anspruch auf Respekt und Ehrfurcht, sind sie heute aufgrund von verändertem Lebensgefühl vielfach dieser entscheidenden Altersgrenze nicht mehr gewachsen und geraten in Verzweiflung.

Mit 50, so glauben sie, wird man unnachsichtig von der blühenden Wiese ungehemmten Lebens-

genusses gestoßen und muß ab sofort ein karges
Dasein auf einem mageren Acker fristen, der nur
noch die dürren Halme von Verzicht und Alter
hervorbringt – Ende aller Träume und Hoffnungen, umweht von einem kalten Wind, dessen Lied
vom Gewesenen wimmernd über die leeren Ebe-
nen fährt.

Die Freuden und Frauen der Jugend, wo sind
sie... ach, dahin, dahin!

So denkt der Mann, wenn sich die 50 drohend
vor ihm aufbaut, und viele brechen dann in die
Gott sei Dank erlaubten Tränen aus, bergen das
von Schluchzen geschüttelte Haupt im Schoß der
49jährigen Ehefrau und wissen nicht mehr aus
noch ein.

Nun haben aber Frauen in diesem Alter ihre ei-
genen Probleme und neigen deshalb zu kurz ange-
bundenen Reaktionen. Wo also soll der Mann hin-
gehen, um sich Trost zu holen? Zu Jüngeren
etwa? Gerade die meidet er von nun an, immer
von der Angst getrieben, es möchte ihn einer nach
seinem Alter fragen. Und zu den Älteren? Auch
das bringt wenig, denn diese wollen sein Problem
nicht verstehen. „Was jammern Sie bloß mit Ihren
albernen 50", sagt so mancher 83jährige, „da müssen Sie doch noch abends um acht zu Hause sein.
Und Sie wollen behaupten, das Leben sei vorbei?
Daß ich nicht lache." Und er tut es – hohl und
trocken.

Es bleiben also nur die Gleichaltrigen – geteiltes Leid, sagt man, ist halbes Leid. Nun sind zwar zwei 50jährige zusammen leider nicht 25 pro Person, aber ein bißchen fühlen sie sich so. Kindlichen Gemüts ihre Sorgen austauschend, finden sie sich hier verstanden und reden von Freund zu Freund.

Das ist auch der Grund, weshalb sich die Organisation „Anonyme 50er" steigender Beliebtheit erfreut. Man hat sich dort eine Menge einfallen lassen, um dem unnachsichtig herandrängenden Alter ein wenig den Schrecken zu nehmen und um die Depressionen des 50jährigen ein Gutteil zu entschärfen. Wie das so geht, zeigen wir Ihnen am besten an einem praktischen Beispiel.

Also: Rolf Rombachs Angst vor dem 50sten hatte sich in der letzten Zeit sprunghaft gesteigert. An nichts anderes mehr vermochte er zu denken, und wenige Tage vor dem schicksalhaften Jubiläum drehte er völlig durch. Glücklicherweise hatte er von den Anonymen 50ern gehört – wenn es überhaupt Rettung gab, sagte er sich, dann dort.

Nachdem er geklingelt hatte, wurde eine Klappe in der Tür geöffnet. Ein paar undefinierbare Augen starrten ihn feindselig an. „Was wollen Sie denn?" fragte eine barsche weibliche Stimme, „für Bürschchen wie Sie ist hier Eintritt verboten!"

„Aber ich denke, man wird hier hereingelassen, wenn man ...", wagte Rombach zu fragen.

„Jawohl", kam die Antwort, „wenn man 50 ist und darüber. Kommen Sie also in zehn Jahren noch mal. Frühestens!"

„Was will der denn?" hörte Rombach eine Männerstimme von weit drinnen, „macht der Lümmel etwa Probleme? Moment, ich komme!"

Rombach bekam's ein bißchen mit der Angst. Trost und Hilfe hatte er gesucht, und nun das. „Augenblick", sagte er, „hier, mein Ausweis. Ich werde in ein paar Tagen 50. Bitte sehen Sie selbst!" Und er reichte seine Papiere durch die Türklappe.

Drinnen unterhielten sich Leute. Rombach konnte nur Satzfetzen vernehmen, wie: „Tatsächlich, hätte ich nicht gedacht... Aber wenn's 'ne Fälschung ist? ... Ein schlecht getarnter Reporter? Vielleicht 'n Terrorist... Na schön, ungern zwar, aber bitte..."

Die Tür wurde geöffnet. Rombach blickte in ein rundes Frauenantlitz, das jetzt freundliche Mütterlichkeit ausstrahlte, kleine Mißtrauensreste indes nicht verbergen konnte. Dahinter ein älterer Mann.

„Also kommen Sie meinetwegen rein", sagte die Frau. „Aber daß Sie's gleich wissen: Offiziell haben hier nur Leute Zutritt, die 50 sind und damit Probleme haben. Wenn Sie lediglich behaupten, 50 zu sein, es Ihnen aber niemand abnimmt, das wird hier als Problem nicht anerkannt. Tut uns wirklich leid."

Rombach betrat die Diele. Er wurde aufmerksam gemustert. „Also so einen 50jährigen habe ich auch noch nicht gesehen", sagte der ältere Mann (Rombach schätzte ihn auf gute 60, er war aber, wie sich später herausstellen sollte, Anfang 50!), „hast du dir auch das Geburtsjahr genau angesehen? Nicht, daß wir da wieder einem Schwindler aufsitzen wie kürzlich, als dann der Bericht über uns erschien!"

„Den hatte man aber wirklich mit etwas gutem Willen für 50 halten können", verteidigte sich die Frau, die offenbar dem Betrüger ins Garn gegangen war, „hätte der ausgesehen wie er hier, wär' ich nicht drauf reingefallen... Aber sein Paß scheint echt zu sein. Also dann, kommen Sie meinethalben", sagte sie zu Rombach, „wir haben gerade angefangen."

Sie geleitete ihn in einen größeren Raum, in dem ungefähr zehn Männer saßen, die man klar für 50 halten konnte. Eher für drüber, sagte sich Rombach. Gewiß, gegen die mußte er geradezu jugendlich wirken.

„Nimm Platz", sagte die Frau und wies auf einen der wenigen freien Stühle, „also das ist Rolf, ein Neuer. Ich", sie wandte sich Rombach zu, „bin Ilse, die Therapeutin. Die anderen wirst du nach und nach kennenlernen. Also Rolf, erzähl mal, was ist dein Problem. Daß du 50 wirst, kann's nicht sein, denn das glaubt dir kein Mensch. Auch ich und

Johannes, mein Partner, haben's dir nicht abgenommen. Also, was ist statt dessen?" Rombach war ungemütlich zumute. Wie sollte er jetzt noch von seinen Problemen erzählen, wo man ihm hier quasi die Matte weggezogen hatte. Er druckste etwas herum. „Naja", sagte er, „ich getrau's mich eigentlich kaum noch zu sagen, aber ich hab tatsächlich Probleme mit meinem Alter. 50 – ich meine, das trifft doch jeden ziemlich happig. Mir jedenfalls ist der Gedanke mehr als unerträglich." Bei den letzten Worten zitterten seine Lippen, und Tränen traten ihm in die Augen.

Ilse lachte auf. „Ist er nicht süß?" meinte sie, und zu Rombach gewandt: „Nimm's mir bitte nicht übel, ich weiß, als Therapeut muß man den Patienten ernstnehmen, aber in deinem Fall fällt mir das wirklich schwer." Sie schaute in die Runde. „Was meint ihr? Du, Hans-Jochen, sag mal was."

Hans-Jochen blickte nachdenklich vor sich hin. „Ich finde, daß wir's hier mit einem ganz neuen Fall zu tun haben", meinte er schließlich. „Ich würde sagen: mit einem rein narzißtischen Problem. Rolf gebraucht seine Jahreszahl, um sich drin zu spiegeln, und da sieht er etwas, das eigentlich nur für ihn selbst vorhanden ist. Im Grunde ein imaginärer Komplex. Und das stellt ihn gewissermaßen in einen direkten Gegensatz zu uns. Unser Spiegel ist die Umwelt, und das Problem das wir darin erblicken, ist alles andere als imaginär."

Ilse nickte. „Gut gesehen, Hans-Jochen. Ganz meine Meinung. Ich glaube auch, daß Rolf sich von einer Zahl irritieren läßt, die – nehmen wir mal an, sie stimmt für ihn wirklich – bei ihm in keiner Form relevant wird. Ich persönlich kann mich also nur schwer in ein Problem hineindenken, das bei ihm wirklich nur rein formaler Natur ist, und ich denke, euch geht's genauso... Was ist denn?"

Diese Worte galten einer jungen Dame, die nach einem leisen Anklopfen ins Zimmer getreten war. Sie war hübsch, blond, verwegen geformt und trug einen Ledermini. „Ich wollte nur sagen, daß ich jetzt gehe", sagte sie halblaut zu Ilse, während sie Rombach mit einem deutlichen Ausdruck des Verlangens anblickte.

„Das ist Claudia, meine Tochter", sagte Ilse zu Rombach. „Claudia, darf ich dir Rolf vorstellen?"

„Was will er denn hier?" fragte Claudia, Rombach dabei herausfordernd anlächelnd, „ich denke, bei euch dürfen nur 50jährige rein."

„Rolf wird übermorgen 50", sagte ihre Mutter, „jedenfalls behauptet er das. Und in seinem Paß steht's auch. Wir müssen's also wohl oder übel glauben."

Claudia prustete los. „Na", sagte sie, „euch kann auch jeder jeden Bären aufbinden." Und als sie wegging, winkte sie Rombach von der Tür aus zu und lächelte verschwörerisch.

Ein anderer Mann aus der Runde meldete sich. „Jetzt weiß ich auch, an wen Rolf mich erinnert: an meinen jüngeren Bruder. Er ist jetzt Ende Dreißig und vor zwei Wochen zu einer Weltreise im Einhandsegler aufgebrochen. Nächstesmal bringe ich ein Bild mit."

Alle bekundeten aufrichtiges Interesse daran, dieses Bild zu sehen.

„Rolf – immer vorausgesetzt, es stimmt, was er sagt, woran ich nach wie vor meine Zweifel habe –", schaltete sich Ilse wieder ein, „bringt eigentlich damit eine ganz neue Situation für uns. 50 sein und dabei so aussehen wie er – das ist ja eigentlich das, was wir alle möchten. Und daß ihr alle hier seid, hat ja seinen Grund gerade darin, daß diese spezielle Situation bei euch nicht zutrifft. Schließlich wissen wir ja, daß 50 genau genommen noch gar kein Alter ist, das diesen Namen verdient – was uns stört, ist doch nur, daß man mit 50 meist auch aussieht wie 50."

Zustimmendes Geraune mit Worten wie „aber genau... exakt da liegt's... sag ich doch immer... hat alles und klagt!..." war die Reaktion des durchweg grauhaarigen und faltenreichen Auditoriums.

„Moment mal", sagte der Mann von vorhin, „ich glaube, ich hab das Bild zufällig doch dabei... " Er kramte es aus seiner Brieftasche hervor und ließ es reihum gehen. Alle schauten drauf, verglichen es mit Rombach und konnten es nicht fassen. Auch

Rombach selbst betrachtete es, konnte zwar keine Ähnlichkeit feststellen, wollte aber der augenscheinlich überzeugten Runde, die sich gegenseitig auf haarsträubende Übereinstimmungen zwischen Rombach und dem jüngeren Bruder aufmerksam gemacht hatte, nicht widersprechen.

Jedenfalls: die Stunde verlief recht erfreulich! Rombach beglückwünschte sich mehrfach zu dem Entschluß, die Anonymen 50er aufgesucht zu haben, und als er später mit den anderen die Wohnung von Johannes und Ilse verließ, war er wie umgekrempelt. „Gehen wir noch einen draufmachen, ihr Mumien!" rief er scherzhaft seinen neuen Freunden zu. „Kommt, ich geb' einen aus...."

Doch die anderen winkten ab. „Ich vertrag nichts mehr", sagte Hans-Jochen, und auch Axel, der Mann mit dem Einhandsegler als Bruder, schob Konditionsgründe vor. „Du kannst dir das leisten, mein Lieber", sagte er, „aber denk mal dran, ich bin wirklich 50!"

Was bleibt noch zu sagen? Rombach schlief zum erstenmal wieder durch, wachte lachend auf und feierte einen Geburtstag, von dem seine Freunde noch lange erzählen werden. Aber er wußte auch, wem er das verdankte: den Anonymen 50ern. „Ihr habt mir geholfen", sagte er beim nächstenmal, „jetzt helfe ich euch. Ich bleibe bei euch und stelle mich in den Dienst der guten Sache."

Und er hielt Wort. Inzwischen ist er fest in den Kreis integriert und tut sich bei Neuankömmlingen besonders hervor. Er hatte schon die Rolle von Hans-Jochen übernommen, und auch die von Axel macht ihm Spaß. Keiner kann wie er so überzeugend sagen: „Ich glaub', ich hab' das Bild doch dabei! Hier: gleicht es ihm nicht wie aus dem Gesicht geschnitten?"

Am meisten aber freut er sich auf das Hinterher. Denn wenn sie die Einladung des aufgedrehten Neuen mit Hinweis auf Konditions-Schwierigkeiten abgelehnt haben, zieht der ganze Club ins nächste Wirtshaus und amüsiert sich königlich, wobei sich Rombach am liebsten neben Claudia setzt.

Jedenfalls meinte Rombachs Frau kürzlich zu einer Bekannten: „Seit Rolf zu den Anonymen 50ern geht, ist er wie umgewandelt. Keiner würde ihm seine 50 abnehmen."

Wo ist Stefanie?

Wilhelm Wader stand ein paar Sekunden un-
schlüssig vor dem Hotel. Wohin sollte er gehen –
nach links, nach rechts? Er war zum erstenmal in
der Stadt und hatte keine Ahnung von ihren Angeboten. Was soll's, dachte er, Lokale gibt's wohl
überall. Und er folgte seinem Instinkt. Der zog ihn
nach rechts, in eine dämmerige Fußgängerzone
hinein.

Wader hatte den ganzen Tag über mit einem
neuen Geschäftspartner geredet, hatte Fragen beantworten und sich hartnäckig-kritischen Einwän-
den stellen müssen. Wie immer erwartete man
schnelle, überzeugende Argumente von ihm und
sichere Formulierungen. Und regelmäßig sah einer
der Herren – immer in dem Bedürfnis, sich vor
den anderen hervorzutun – noch ein Detail, das
dringend geklärt werden mußte. („So schnell geben wir uns in diesem Punkt nicht zufrieden, da
werden Sie sich dran gewöhnen müssen, Herr
Wader...!")

So hatte sich das Ganze immer weiter hinausge-
zogen, der Nachmittag war zäh vorbeigegangen,
und es war schon nach sieben und dämmerig, als
man ihn endlich hatte gehen lassen. Wader hoffte,
daß er seine Sache halbwegs ordentlich hinge-
kriegt hatte. Aber er fühlte sich ausgewunden und
durchgedreht.

Er war direkt ins Hotel gegangen, hatte sich etwas frisch gemacht, und nun hatte er nur noch
den Wunsch nach einem Bier und etwas zu essen.
Der Tag hatte für ihn nichts Neues gebracht.
Wader kannte sein Geschäft, und er hatte auch
Training in derartigen Besprechungen. Er war rou-
tiniert, vieles hatte er sozusagen auf Abruf gespei-
chert. Aber er spürte auch, wie in ihm der Über-
druß wuchs. Mehr als 30 Jahre Berufsleben, z.T.
von der härtesten Sorte, fingen an, ihn zu zermür-
ben. Immerhin, er war jetzt 50, und er sagte sich,
daß nun ein Altersabschnitt begann, der eine Rei-
he Tücken mit sich brachte. Ehrgeiz, Dynamik
und Belastbarkeit würden deutlich abnehmen.
Trotzdem mußte er weitermachen. Kein Zweifel,
harte Zeiten standen ihm bevor.

Das Lokal, das er schließlich fand, entsprach
genau seinen Wünschen. Klein, ältlich, aber ge-
pflegt, eine einladende Bar, wenig Leute.

Er bestellte ein Pils und die Karte und guckte
vor sich hin. Zwischen den Gläsern spiegelte sich
ein erschöpftes Gesicht. Sein eigenes.

Er bekam sein Bier zusammen mit einem älteren Mann, der neben ihm saß, und jener erhob sein Glas zu Wader.

Wader prostete dezent zurück. Er hatte keine Lust auf ein Gespräch, vor allem nicht mit Leuten, die, wie sein Nachbar, wohl schon ein paar intus hatten. Aber der andere ließ sich dadurch nicht abschrecken.

Ob Wader fremd hier wäre und woher er komme... Soso, schöne Stadt. Geschäftlich zu tun?

Wader begnügte sich mit spärlichsten Auskünften, um das Gespräch nur ja nicht aufflammen zu lassen, aber der andere war nun mal von der unsensiblen Sorte.

„Und soll ich Ihnen verraten, was ich heute hier mache?" fragte er schließlich und starrte Wader herausfordernd an, „da werden Sie niemals drauf kommen. Wetten?"

Wader machte ein höflich-aufmerksames Gesicht.

„Ich feiere hier gerade meinen 60. Geburtstag. Hätten Sie das gedacht?"

„Eigentlich nicht", meinte Wader, der sich nicht sicher war, ob von ihm nun Erstaunen über das Alter oder über den Ort des Feierns erwartet wurde, „denn 60ste Geburtstage feiert man doch eigentlich zu Hause, mit Familie und so, oder?"

„Natürlich", sagte der andere, „was glauben Sie, wie sehr die mir das auch nachtragen. Aber nein,

hab' ich gesagt, an meinem 60. will ich allein sein.
Da will ich keinen sehen. Weil: Das muß man mit
sich selbst abmachen. 60 – wie sich das schon an-
hört. Der endgültige Eintritt ins Alter. Und da
pfeif' ich auf alle Gratulanten."

„Naja", versuchte Wader zu trösten, „im Grunde
geht das ja mit 50 schon los. 50, 60 – wo ist da
der Unterschied?"

Der andere guckte ihn an. „Wo da der Unterschied ist? Na hören Sie mal. Mein Gott, als ich
50 geworden bin – ich kann mich fast nicht mehr
dran erinnern, so weit liegt das schon zurück, aber
eines weiß ich noch genau: Da dacht' ich, wunderbar, jetzt bist du endlich oben. Jetzt kann dir keiner mehr was. Jetzt steht nur noch eines zur De-
batte: das Leben. Das Leben mit 50 ist einzigartig,
mein Lieber. Beruflich mag nicht mehr so viel drin
sein, aber wen interessiert das schon. Mein Gott,
diese schrecklichen Berufskämpfe mit 30 und 40!
Mit Grausen denk' ich noch daran zurück! Nein,
das ist vorbei mit 50. Sollte es jedenfalls. Mit sowas sollte man sich die 50er nicht kaputtmachen.
Denn wissen Sie auch, was mit mir los war, grad
als ich 50 wurde? Ich habe Stefanie kennengelernt!... Trinken wir noch was?... Ober!"

Er rutschte mit seinem Barstuhl etwas näher an
Wader heran, der nun plötzlich doch anfing, dem
Gespräch recht interessante Seiten abzugewinnen.
„Stefanie?", sagte er, „klingt nicht übel."

„Nicht übel? Sie sind gut! Die Frau war einmalig. Ich war ja zu diesem Zeitpunkt schon geschieden – schuldlos Gott sei Dank, wenn Sie wissen,
was das damals hieß." Er machte eine Bewegung
mit Daumen und Zeigefinger. „Ich war also wirklich frei. Recht gut verdient hab' ich auch damals
– die Welt stand mir offen. Was haben wir alles
gemacht, Stefanie und ich! Nie vergeß' ich die
Mittelmeer-Kreuzfahrt – Kreta, Zypern, Alexan-
dria..." Er blickte mit entrücktem Gesichtsaus-
druck an Wader vorbei. „Dann unser Urlaub in
Schweden. Mittsommernacht! Waren Sie schon in
Schweden? Noch nie? Jammerschade. Sollten Sie
mal hinfahren – unvergeßlich!

Leider hat sich Stefanie dann von mir getrennt.
Aber was heißt leider. Kurz danach ist mir Karin
übern Weg gelaufen. Stewardeß bei der Lufthansa,
Anfang 30. Einmalig. Ich hatte ja die Chance, mit
ihr für'n Appel und 'n Ei in der ganzen Welt her-
umzudüsen. Dabei hatte ich immer gedacht, mit
50 ist man bei Frauen abgemeldet. Von wegen!
Lassen Sie sich da bloß nicht bange machen von
Artikeln, nach denen die Frauen nur auf junge
Bübchen fliegen! Stimmt gar nicht. Die 50er sind
es, die gefragt sind! Und wie! Sie werden's nicht
glauben, aber ab 50 kam Bewegung in mein Leben.
Speziell ins Liebesleben! Denn Stefanie und Karin, die beiden, das waren natürlich nicht die einzigen.

Und einen neuen Job angefangen hab' ich auch. Ich konnte einfach meinen Laden nicht mehr sehen. Hab' den Kram hingeschmissen und mich als freier Berater selbständig gemacht. Der beste Entschluß meines Lebens, sag' ich Ihnen! Hätte ich schon viel, viel früher tun sollen. Aber wer weiß, vielleicht muß man erst 50 und mehr werden, um das zu kapieren. Dann bin ich auch hierher gezogen. Ganz neu anfangen, in 'ner ganz neuen Stadt, hab' ich mir gesagt. Brücken abbrechen. Und was soll ich Ihnen sagen: Hat sich gelohnt. Es sah fast so aus, als hätten die Kunden nur auf mich gewartet. Ich hatte rund um die Uhr zu tun – und es machte Spaß. Ein Schweinegeld hab' ich verdient, wie nie im Leben.

Ja, und dann hab' ich Petra kennengelernt. Ende 30, geschieden, mit ganz schön hier", er machte wieder die Daumen-Zeigefinger-Bewegung, „na, und warum nicht: Wir haben geheiratet. Sie hat einen riesigen Bekanntenkreis mit in die Ehe gebracht, alles obere Zehntausend. Es gab Zeiten, ich glaub', da waren wir jeden Abend auf Achse, immer auf 'ner anderen Party. Sachen hab' ich da erlebt, also wenn ich da anfange zu erzählen, bin ich morgen früh noch nicht fertig. Und was soll ich Ihnen sagen: Ende vierzig war ich gesundheitlich ziemlich angeboxt. Blutdruck, Herz, Kreislauf, nichts war heil – alles natürlich reine Streßsymptome. Ich dachte manchmal, na, wie lange ich das noch mache. Und nun, obwohl ich wahrhaftig aus dem Übervollen gelebt habe – nichts, alles in Ordnung, pumperlg'sund. Ich versteh's auch nicht, aber der Körper ist halt ein komisches Ding. Tja...", er nahm einen Schluck aus seinem Glas, „ich denke noch oft an diese Zeiten. Schöne Zeiten waren's, wirklich schöne Zeiten. Schöner als alle, die vorher drangewesen sind. Vielleicht ist man in jüngeren Jahren auch zu dumm dazu. Um das Leben genießen zu können, dazu braucht man auch Intelligenz, Lebenserfahrung und das gewisse Gewußtwie. Hat man das mit 30 oder mit 40? Ich behaupte: nein. Haben Sie's? Na bitte. Nein, dazu muß man 50 werden. Aber nicht nur so einfach 50 – man muß sich dieser 50 auch bewußt sein. Man muß wissen, was man jetzt zu bieten hat. Und: man muß es nutzen."

Er beugte sich zu Wader vor und faßte ihn am Revers. „Und wissen Sie was: Das Schlimmste ist, die meisten 50er merken das gar nicht. Die lassen ihre schönste Zeit so einfach raus, kapieren einfach ihre Chance nicht. Und wenn sie's wirklich kapieren, ist's zu spät. Dann sind sie 60, so wie ich jetzt."

„Nun schön", sagte Wader, „aber was ändert sich nun für Sie?"

Der andere lachte etwas bitter. „Sie machen mir Spaß. Was soll denn jetzt, mit 60, noch kommen? 60 bedeutet doch: aus. Aus und vorbei. Wer mit 60 noch Hoffnungen und Illusionen hat, dem ist wirklich nicht zu helfen. Nein, nein, da geb' ich mich keinen falschen Vorstellungen hin. Mit 60 beginnt der mehr oder minder lange Abschied. Nach meinen stürmischen 50ern ist das natürlich eine besonders unangenehme Einsicht, aber wenigstens habe ich diese 50er bis zur Neige ausgekostet und alles rausgeholt, was drin war. Die meisten tun das ja gar nicht. Und Sie", und dabei sah er Wader ein bißchen mitleidig an, „Sie kommen und sagen 50, 60, das sei so gut wie ein- und dasselbe..."

Wader blickte den anderen an. Etwas irritierte ihn. Was war das nur... natürlich! Er schlug sich in spontanem Erkennen an die Stirn und brach in Lachen aus. „Jetzt", rief er aus, „jetzt komm' ich erst dahinter, was mit Ihnen los ist..."

„Was mit mir los ist? Was soll mit mir los sein...!"

„Na ganz einfach: Sie sind im falschen Buch, das ist es. Sind Sie 50? Nein: 60. Haben Sie Schwierigkeiten mit den 50ern? Im Gegenteil, denen trauern Sie nach. Die 60er sind es, die Ihnen zu schaffen machen. Und wie! Eindeutig: Sie gehören ins Buch für die 60er! Stattdessen sind Sie versehentlich in das der 50er geraten! Das ist die Erklärung. Die ganze Zeit denke ich, da stimmt doch was nicht! Aber", und er legte dem reichlich verwirrt Aussehenden die Hand auf die Schulter, „aber ich danke Ihnen für diesen Irrtum – Sie haben mir viel gegeben. Vor drei Wochen bin ich 50 geworden, und ich dachte schon gottweißwas. Aber Sie haben mich zurechtgestoßen. Also", er stand auf und blickte sich im Lokal um, „wo ist Stefanie?"

Spätes Glück

Ja, genauso hatte ich mir's immer vorgestellt. Genauer: So hätte ich mir's vorgestellt, wenn ich mir's hätte vorstellen dürfen. Ich meine: Wenn man mich dazu aufgefordert hätte. Was, so hätte die Frage lauten müssen, was ist Glück für dich? Reines, wahres, goldschimmerndes Glück! Wie möchtest du leben, was möchtest du tun, wenn du jetzt und hier frei wählen dürftest?

Tja, aber wer weiß: So konkret vor diese Frage gestellt − vielleicht hätte ich sie gar nicht beantworten können. Oder zumindest nicht richtig. Wenn Glücksfeen kommen und einem derartige Wünsche freistellen, dann faselt man ja gern was von Südsee: einsame Insel im blauen Meer, Palmen, Sandstrand und braune Mädchen, die sich hüftschwingend um einen herumbewegen. Wäre das was? Ich bin mir da nicht sicher. Aber es klingt gut, riecht nach Paradies, und wer möchte es nicht, das Paradies, wenn man sich was wünschen darf.

Aber Gott sei Dank wurde ich nie danach gefragt. Wie ich mich kenne, wäre ich auf die Südsee reingefallen.

Doch nun ist es von ganz allein gekommen, von selbst – ohne ausdrücklichen Wunsch, nur so. Jetzt, gerade noch rechtzeitig mit 50. Und jetzt, da ich's habe, weiß ich auch, daß ich es immer so wollte.

Man bleibe mir mit Polynesien vom Leib! Das da wollte ich, nichts anderes. Hören Sie zu:

Ich sitze auf einer Bank. Auf einer Bank im Garten. Die Strahlen der herbstlichen Sonne liegen noch lau über der Welt, und ich sitze da, lasse diese letzte Wärme des Sommers in mich hineinkriechen, sehe in den tiefen und weiten blauen Himmel hinein, und ich will gar nichts mehr.

Es ist vorbei, denke ich, satt und zufrieden wie ein Baby nach seinem Bäuerchen, und sanftes, warmes Wohlgefühl durchströmt mich wie ein doppelter Kognak an einem frösteligen Tag. Wärme und Zufriedenheit, das sind zwei gute Kumpel. Wenn sie sich an den Händen fassen und gemeinsam durch einen hindurchmarschieren, dann denkt man, der liebe Gott streichelt einem höchst persönlich übers Haupthaar.

Alles vorbei – und damit meine ich alles, was einem bisher auf die Nerven ging. Man sitzt da

und sieht entspannt den Erinnerungs-Film vorüberziehen. Ohne Zwang, ohne Absicht läßt man
die längst entschwundenen Bilder nochmal auf-
steigen. Wie mit alten Fotos, chamois und Bütten-
rand, meldet sich die Vergangenheit auszugsweise
zurück. Die frühesten Jahre tauchen wieder auf
und überraschen einen mit längst vergessenen
Augenblicken – reserviert für einen Augenblick
wie diesen.

Voll entspannter Nachsicht gehe ich noch einmal die Etappen des Lebens durch – 50 Jahre voller Pläne, Hoffnungen, Illusionen und gutem
Glauben. Wie verrückt war man doch, wie verzweifelt, wie blind, uneinsichtig und naiv. Wie
schnell war man zu begeistern, wie einfach zu irritieren, wieviele Nächte hat man durchwacht, wieviele Tage durchlitten. Und nun – alles ist vorbei,
endgültig hinabgesunken in den Stillen Ozean der
Zeit.

Und während die dünnen Sonnenstrahlen, die
sich durch den blassen Dunst des Nachmittags
herunterbemühen, auf meinem Gesicht kribbelnd
spazierengehen, genieße ich das Bewußtsein, daß
alle Zwänge und Notwendigkeiten für immer von
mir genommen sind. Ich muß nicht mehr daran
denken, womit ich das Leben bezahlen soll, ich
brauche nichts mehr zu tun, was anderen gefallen
muß, und nie wieder werde ich Worte hören müssen wie „Nein, damit können wir uns leider nicht

anfreunden, das paßt nicht in unser Konzept...,
tut mir leid, das entspricht nicht unseren Vorstellungen..., da haben wir wirklich etwas Besseres...,
nein, so können wir da wirklich nichts mit anfangen...."

Und nie wieder muß ich mir mit einem Lächeln,
das sich bemüht, bemüht auszusehen, die Antwort
abringen: „Aber ich könnte es ja noch mal etwas
anders probieren..., ich meine, ich könnte ja nochmal drübergehen, kürzen und mehr in der Richtung... wie sagten Sie noch, wo Sie das Schwer-
gewicht hin haben wollten...?"

Nein – nichts mehr, nie mehr, aus, vorbei. Das
war einmal. Keinem muß ich mich mehr beweisen,
niemanden mehr überzeugen, Gunst oder Vorbe-
halt, es darf mir gleichgültig sein. Für immer.
Aber ich werde ab und zu daran zurückdenken,
das verspreche ich mir. Nur um das unendliche
Glück zu genießen, so etwas nie wieder hören, sagen und tun zu müssen!

Die Goldfische im Teich vor mir schwimmen ruhig ihre Bahn. Gelassen, friedlich und absichtslos.
Zufrieden mit ihrem einfachen Dasein.

So werde auch ich von jetzt an leben. Alles, was
ich tun werde, gilt nur dem Jetzt und Hier, dem
Augenblick. Ich muß keine Pläne mehr machen,
ich muß für nichts mehr vorsorgen, nichts absi-
chern, nicht mehr aufpassen auf dies und das.
Stattdessen werde ich die Tage der Herbstsonne

hinnehmen, werde die dunklen Stürme des No-
vembers genießen, und die Melancholie der Tage
wird die Musik sein, der ich zuhöre. Ich werde den
brausenden Frühling erleben mit Fliederduftwol-
ken und Kastanienblüte, den Sommer mit hohen
Schwalben, nächtlichem Regenflüstern und dem
Blättergrün der Buche vorm Himmelsblau. Und
kein Anruf, kein Brief, kein Gedanke wird diese
Harmonie beflecken können.

Es ist die Freiheit in ihrer reinsten Form, es ist
das vollkommene Glück: Manche erreichen es nie,
andere vielleicht zu spät, ich, immerhin, wenigstens mit 50.

Und ich denke an den Mann gestern. „Jetzt können Sie wirklich sorgenfrei leben, ganz wie es Ihnen gefällt. Glückwunsch!" hatte er gesagt und
mir den Scheck über die zwei Komma vier Lotto-
Millionen überreicht, die ich am letzten Samstag
gewonnen hatte.

Die Sonne fängt an, hinter dem Nachbarhaus
zu verschwinden. Die scharfe Kühle des Herbst-
abends zieht herauf. Ich stehe auf und gehe aufs
Haus zu. Der Kater steht in der Tür und sieht mir
erwartungsvoll entgegen.

(„Hübsch, die Idee", meinte der Lektor, „nur
diese ganzen Stimmungsbilder: brausender Frühling und so – das ist doch reichlich konventionell,
finden Sie nicht auch? In dieser Form gebe ich der
Sache wenig Chancen. Sehen Sie doch mal zu, was

sich da machen läßt!"

Aber selbstverständlich, daß sich da was machen läßt. Klar doch. Gern. Also die Stimmungsbilder möchten Sie anders haben... Null problemo!)